障害のある人の欠格条項ってなんだろう？

資格・免許をとって働き、遊ぶには

Q&A

臼井久実子 編著
Usui Kumiko

解放出版社

はじめに

　私が生まれた 1940 年、女は生まれただけで欠格条項の対象者でした。選挙権も相続権もなかった日本の女性に人権の扉を開けたのは、ベアテ・シロタ・ゴードンという、当時 22 歳の女性でした。ベアテさんは 15 歳まで日本で育ちました。そして、マッカーサー元帥の率いる連合国最高司令部（GHQ）のスタッフとして来日。憲法草案を起草するメンバーとなりました。

　ベアテさんは生前、こう話してくださいました。

　「日本政府の男性たちは、草案の男女平等のところにくると、強く反発しました。『日本には、女が男と同じ権利をもつ土壌がない。日本には向かない』というのです。まとめ役のケーディス大佐が『これは、日本をよく知っているシロタ嬢が、日本の女性の気持ちを考えながら一心不乱に書いたもの』と押し切ってくれました」

　こうして、女性への表向きの欠格条項はなくなりましたが、現実は変わりませんでした。たとえば、進歩的と思われている朝日新聞。募集要項に「男子に限る」と書いてはいないものの、合格させない時代が続きました。1963 年に私が入社できたのは、その翌年に東京でオリンピックが開かれるという偶然からでした。「オリンピック村にはフェンスで囲まれた女子選手村があって男子禁制。特ダネの宝庫かもしれない。女の記者がいないと他紙に負けてしまうかもしれない」と、どの新聞社もおびえ、この年、そろって女性を採用しました。

　そして次の年から再び扉を閉ざしてしまったのでした。

　そんな体験があるので、論説委員を命ぜられてからは社説で欠格

3

条項の理不尽さを訴えました。中途失聴の医師、藤田保さんが聴こえない患者さんに救世主のように慕われていること、薬剤師国家試験を一度でパスした早瀬（当時後藤）久美さんが聴覚障害を理由に門前払いされそうになったとき日本薬剤師会が「認めるべき」という見解を発表して応援したことなど、具体的なエピソードをちりばめました。

　そんな私も、障害者欠格条項をなくす会の「頭脳」、共同代表の福島智さんと食事しながら打ち合わせと聞いて、何も考えずに出かけました。視覚と聴覚の両方に障害のある福島智さんが指点字で会話しながら食事することは不可能と気づいたのは会場についてから。想像力の限界と貧しさを思い知ったのでした。

　スウェーデンやデンマークでは、障害者差別について、国、そして自治体レベルで監視し、改善するシステムがあります。そのひとつ、ストックホルムのお目付け役センターを訪ねたら、事務局長は強度の難聴で、知的障害の子をもつ方でした。会議はみんなマイクをもって話すシキタリ、部屋には、補聴器をつけている人がくっきり聴き取れるための磁気ループが張りめぐらされていました。

　障害者欠格条項をなくす会の「屋台骨」、事務局長の臼井久実子さんは、北欧なら国レベルのシステムで行っている仕事を 1990 年代から、コツコツと続けました。そして、1999 年にこの会を立ち上げるところまでこぎつけました。障害のある高校生から「医師になりたいけれど、法律のために、なれないのですか」という手紙をうけとったのがきっかけでした。

　そして、今、医療分野に限っても、てんかん、うつ病、聴覚や視覚、手足に障害のある人が、医師、看護師、薬剤師、診療放射線技師、臨床検査技師、言語聴覚士、精神保健福祉士などとして活躍しています。視覚や聴覚に障害をもつ弁護士、統合失調症の経験を公表している弁護士が尊敬を集めています。

　この本を企画し、編集した臼井久実子さん自身、聴覚障害のある身。会議では２人のパソコン文字通訳のサポートをえて、31人の執筆者や助言してくださる方々、解放出版社の尾上年秀さんとともに粘り強く１年がかりで刊行にこぎつけました。本作りのきっかけになった「障害を理由とした欠格条項にかかわる相談キャンペーン実行委員会」では、全盲の知恵袋、竹下義樹弁護士にご尽力いただきました。

　2022年９月、国連の障害者権利委員会から日本に、勧告（総括所見）が出されました。そこでは、欠格条項はじめ、おびただしい分野で、日本が条約違反をしていることが指摘されました。先進諸国ではあたりまえの独立した監査機関の設置も勧告されています。医学モデルから社会モデル、さらに人権モデルへの転換が提唱されて、参加者の心を揺さぶりました。

　人権は、翻訳語。日常生活では馴染みがありません。そこで私は「居場所・味方・誇りを保障すること」と言い換えたりしています。欠格条項は、障害をもつ人から、居場所や味方を奪い、その結果、生きていくために不可欠な誇りを奪うからです。

　障害者権利条約の勧告について、日本の省庁は「勧告には拘束力はありませんが」と枕ことばのように繰り返して骨抜きにしようとしています。でも、そんなことは、ないのです。憲法の第10章「最高法規」に位置づけられている第98条２項は、こう定めています。

　「日本国が締結した条約及び確立された国際法規は、これを誠実に遵守することを必要とする。」

　障害をもつ人々が誇りをもって生きられる日本に変えるために、本書がお役にたつことを願っています。

障害者欠格条項をなくす会・共同代表
国際医療福祉大学大学院・医療福祉ジャーナリズム分野教授　大熊由紀子

障害のある人の欠格条項ってなんだろう？　もくじ

＊筆者自身の障害や疾患にかかわる経験が書かれているコラムについ
ては、筆者に確認のうえ、障害や疾患を記載しています。

＊本書の本文は、文字内の線の太さが均一で多くの人が読みやすい
UD（ユニバーサルデザイン）フォントを使っています。

Q1

欠格条項ってなんですか？

臼井久実子

　「資格・免許をもつこと」の権利を、障害や疾患を理由に制限する法令の条文を、欠格条項といいます。「資格・免許」は、看護師免許や建築士免許のような職業に欠かせない免許をはじめ、受験資格、運転免許、会社や団体の役員になること、議会を傍聴すること、公営住宅への入居など、人生と社会生活に広く深く関わっています。

　欠格条項があるために、学校が、障害のある人の教育に消極的だったり、受験や入学を断ったりすることもあります。障害や疾患はあっても仕事にさしつかえる状態ではなかったのに、障害や疾患を知られたとたんに、退職を求められることがあります。無事故無違反で運転してきた人が、疾患があることのみを理由に運転免許を取り消される場合があります。日常生活に介助が必要だからという理由で、公営住宅に申し込む資格がないとされることがあります。

　障害や疾患そのものは、人が生きていることと切り離せない、誰にでもありえることです。幼いときから障害や疾患がある人もいますし、今は障害や疾患がない人も、人生のどこかで経験する可能性があります。障害や疾患があることが拒否や排除の理由とされる社会は、非常に生きにくい社会です。生涯にわたる制限にもなりえるため、障害や疾患を理由に権利を認めない欠格条項がある社会に生きていることは、「終身刑で刑務所に入れられているようなものだ」と言った人もいます。

法律の規定について

　具体的に、看護師について見ましょう。「視覚、聴覚、音声機能若しくは言語機能又は精神の機能の障害により業務を適正に行うに当たつて必要な認知、判断及び意思疎通を適切に行うことができない者」とみなされた場合に、「看護師の免許を与えないことがある」という権利制限の対象とされます。この欠格条項があるために、試験に合格して免許交付申請をした後、医師の診断書を元に審査が行われています。医療分野の法律は医師法をモデルに作られたものが多いため、看護師免許を規定する保健師助産師看護師法の条文は医師法とほぼ同じです。

　次に、精神保健福祉士について見ましょう。「精神の機能の障害により業務を適正に行うに当たつて必要な認知、判断及び意思疎通を適切に行うことができない者」に該当する者は、精神保健福祉士となることができないとされています。この欠格条項があるために、試験に合格した人は、登録申請の際に、欠格条項に該当しないことの記載が求められています。社会福祉士、介護福祉士、保育士などもほぼ同じ欠格条項が設けられています。

　なお、「精神の機能の障害」とは、精神疾患、知的障害、てんかん、発達障害、高次脳機能障害、認知症など、とても幅が広いものです。

　たしかに、試験に合格して資格・免許を手にした人が、その後に仕事をするなかで、障害や疾患の有無とは関係なくいろいろな理由で、「業務を適正に行うに当たつて必要な認知、判断及び意思疎通を適切に行うことができない」状態となることがありえます。それは、あくまでも、個別に評価されるべきことです。しかし、現在の法令では、機能の障害があるということと、「業務を適正に行うに当たつて必要な認知、判断及び意思疎通を適切に行うことができない」ということが、初めから結びつけられています。そこには、障害や疾

患があると業務や行為をできないだろう、危険に違いない、とする障害者観があります。

府省庁が説明した「欠格条項を設けている理由」

1999 年に、資格・免許を管理する府省庁が、総理府（当時）に対して、欠格条項を設けている理由を回答したことがあります。いくつかの例を見ましょう。

医師、看護師など「医療行為を適正に行うことが困難なため。患者や看護師などの関係職種とのコミュニケーション、連絡連携に支障をきたすため（要約）」

実際には、補助する方法や工夫によって、お互いにコミュニケーションをとることができていましたが、初めから難しいに決まっていると考えられていました。

自動車の運転「本条項に当たる者が自動車等を運転することは、著しく道路における交通の危険を生じさせるおそれがあるため（引用）」

障害や疾患があれば危険に違いないと決めつける見方で、免許をあらかじめ制限していました。たとえば交通違反の処分は、実際に違反があって処分があります。しかし、障害や疾患がある人に対しては、実際に違反があったことを受けての処分ではなく、障害や疾患でひとくくりにした上であらかじめ免許を制限するという処分がされていました。

警備業「精神病者は一般的に判断力・自制力に欠けるところがあり、さらには、他人の生命、身体及び財産を侵害するおそれもあり、適正な警備業務の管理運営、実施を期待し得ないと認められるため（引用）」

このように堂々と回答されたことに、何の疑いもなく当たり前と考えられていたことがよく表れています。「精神病者は何をするか

わからない危険な存在」という非常に強い偏見と、法律が偏見にもとづいて作られ、かつ、法律が差別・偏見を広め強化してきたことが、この回答ぶりに凝縮していると言えるでしょう。

公営住宅の単身入居「ふだん介護が必要な人は、一人暮らしは無理。一人で身の回りのことや家事ができない人が住むのは、命の危険もある（当時の官庁答弁も併せた要約）」

介護が必要な障害者は長い間、生まれた家庭で親などと暮らすか、施設に入るものとされてきました。障害のある人たちが、通いの介助者をつけて一人暮らしができている状況を伝え、働きかけを重ねるなかで、法律は 2005 年に身体・知的・精神のどの障害がある人も単身入居が可能なものに変わりました。

現在はどの法律も、1999 年当時とは変わっていますが、多くの法律に欠格条項が残されています。障害や疾患のある人に対する差別・偏見も、当時ほど露骨ではありませんが、根が深いと言えます。

医学モデルと社会モデル

その人の障害や疾患に問題の原因があるという見方を医学モデルと言います。障害や疾患に注目して、本人や家族などの限られた人の努力で「障害を乗り越え」「社会に適応する」ことが問題の解決になるという見方です。障害や疾患ばかりに目をむけて、「できないだろう」「危険に違いない」として権利を制限してきた欠格条項のベースには、医学モデルがあります。したがって、欠格条項が根深く残されていることは、医学モデルと切っても切れない関係にあります。

他方、社会モデルは、その社会が障害や疾患のある人の権利の平等を認めず、分け隔て、法律の欠格条項のように社会が障壁をつくっていることに、根本的な問題があると見ています。医学モデルは、本人に障害や疾患があることに焦点をあてて、「本人の努力が足りない」といった見方をしますが、社会モデルは、欠格条項のよう

14

な社会的障壁を除去しなければ、問題は解決しないと捉えます。障害や疾患があるままで、他の人々と平等に権利を行使できる、分け隔てられることがない、共生社会をめざすものです。

医学モデルから社会モデルへと転換する国際的な潮流が、国連の障害者権利条約や、日本でも 2013 年に新設された障害者差別解消法の基礎にあります。

法律だけではない、欠格条項的なもの

「ボランティアに応募しようとしたら『心身ともに健康であること』という条件つきでした」という声が、うつ病の人からありました。視覚障害がある人の移動を介助するガイドヘルパーの仕事をしている人が、「病気になったらやめてもらう」と事業主から言われた例もあります。法律にボランティアやガイドヘルパーについて欠格条項が設けられているわけではありません。

とくに福祉や医療の領域には欠格条項のある職種が多いため、障害や疾患がある人は職員や従事者にはいないのが当たり前とされてきました。障害や疾患がある人を、対象者や患者として見ることになりがちでした。そのことが、欠格条項はないボランティアやガイドヘルパーなどにも、反映している面はありそうです。

実際には、本書の執筆者がそれぞれに述べているように、障害や疾患のある人々が、その経験を活かして従事しています。

今常識のようになっていることも、本当にそうなの？という捉え直しがあれば、見え方が違ってくるのではないでしょうか。そして、欠格条項にかかわる経験や、障害や疾患がある従事者だからこそできることなどを広く伝えていくことは、状況を変える原動力でもあります。

なぜ欠格条項がなくなっていないか、どうすればよいか、この本を通して、読者のみなさまとともに考えていきたいと思います。

欠格条項は今どうなっていますか？

臼井久実子

受験から免許取得、就業後まで

　障害を理由に受験資格がないと法律で定める欠格条項は、医師法や歯科医師法にありましたが、2001年の法改正で廃止され、法律上はなくなっています。

　学校で課程の履修を終えて、資格・免許の試験に合格した後、資格・免許の登録や交付を認めるかどうかについて、欠格条項がある場合があります（取得前の欠格条項）。登録や交付の申請を受けて、障害との関連で審査がされる仕組みです。

　さらに、資格・免許を取得した後に、その取り消しや停止について欠格条項が定められていることがあります（取得後の欠格条項）。取得前の欠格条項がある法律には、取得後の欠格条項もあることが多いです。たとえば、薬剤師法には「心身の障害により薬剤師の業務を適正に行うことができない者」に免許を与えないことがあるという、取得前の欠格条項があります。そして、薬剤師が「心身の障害により薬剤師の業務を適正に行うことができない者」になったと見なされたときにはその免許を取り消す処分ができるという、取得後の欠格条項も定めています。なお、法律によっては、取得後の欠格条項のみを定めている場合もあります。

欠格条項の対象について

　「心身の障害」または「心身の故障」という言葉が使われている欠

格条項は、413 本の法令にあります（19 ページのグラフと表を参照）。

　法律に「心身の障害」とある場合は、その法律の政省令（施行令や施行規則）に「心身の障害」とは「○○の機能の障害」を意味するという規定があります。医師法施行規則が「視覚、聴覚、音声、言語、精神の機能」としているように、いくつもの機能の障害があげられている場合もあります。欠格条項はこのように法律と政省令の組み合わせで規定されることが多いです。

　「心身の故障」は法律のみに書かれている場合もあります。たとえば「地方教育行政の組織及び運営に関する法律」は、「地方公共団体の長は、教育長若しくは委員が心身の故障のため職務の遂行に堪えないと認める場合においては、当該地方公共団体の議会の同意を得て、これを罷免することができる」と定めています。保護司や公安委員会、労働委員会の委員の欠格条項も、これと似ています。法律の「心身の故障」に加えて、政省令に「心身の故障」を「精神の機能の障害」とする規定を設けている場合もあります。

　「精神の機能の障害」または「精神障害」「精神疾患」という言葉では、257 本の法令にあります。

　「視覚の機能の障害」や「視力」という言葉では、医師、救急救命士、無線従事者、自動車の運転など、31 本の法令にあります。

　「聴覚の機能の障害」や「聴力」、「音声機能、言語機能の障害」という言葉では、医師、診療放射線技師、船員など、28 本の法令にあります。

　そのほか身体の障害については、「上肢の機能の障害」「身体の機能の障害」といった言葉で、獣医師など 25 本の法令にあります。

　障害を理由に権利を制限する法令は、欠格条項と名付けられているものの他にもあります。たとえば最低賃金法は、「精神又は身体の障害により著しく労働能力の低い者」に最低賃金から減額した額を適用できるとしています。実際に障害のある人が能力を発揮できる

かどうかは、不断の対話による適切な支援と環境の調整を得られるかどうかが大きく関わっています。障害があるから労働能力が低いと短絡し、低賃金を容認することは、法的差別と言えます。

変わってきたことについて

障害のある人が欠格条項に阻まれ、障壁をなくす取り組みを続けてきたなかで、2000年前後に大きな転機がありました。薬剤師国家試験に合格して聴覚障害を理由に免許交付申請を却下された早瀬久美さんが、諦めずに発言を続け、障害の違いや障害の有無をこえて波紋が広がっていきました。2001年には、障害があれば免許を与えないとして門前払いしてきた欠格条項の削除が実現しました。

同時に、「免許を与えるかどうかを決定するときは、当該者が現に利用している障害を補う手段又は当該者が現に受けている治療等により障害が補われ、又は障害の程度が軽減している状況を考慮しなければならない」という条文が施行規則に新設されました。障害があればダメとしてきたことから転換して、障害を補う手段を考慮しなければならないという条文が入ったことは、今で言う合理的配慮に通じるもので、活用できます。かつ、業務や行為のすべてを単独で補助なしにできなければならないという見方を転換して、「医師の本質的な業務は診断すること」のように、その業務や行為の本質的な部分が検討されるようになってきたことが重要です。

しかし、それまでの欠格条項を削除した法律の大部分に、「○○の機能の障害」がある者に「免許を与えないことがある」といった、形を変えた欠格条項が残されました。法律の条文は、後からできる法律にコピーされていくため、欠格条項も徐々に増えました。

そして、2019年から、それまでになかった欠格条項が大量に設けられました。129本の法律に「心身の故障」欠格条項を新設して、政省令で「心身の故障」を「精神の機能の障害」と規定するという、

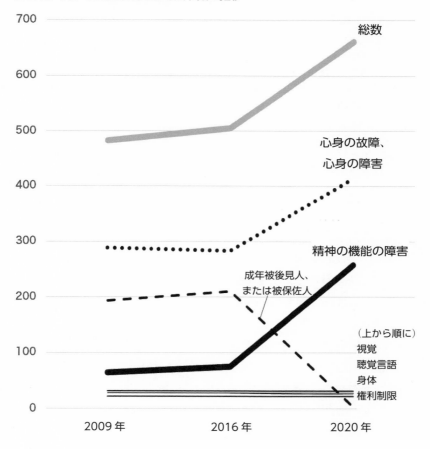

障害者に関わる欠格条項のある法令数の推移

	2009 年	2016 年	2020 年
成年被後見人、または、被保佐人	193	210	3
心身の故障、心身の障害	289	283	413
精神の機能の障害	64	75	257
視覚の機能の障害	31	31	31
聴覚・言語の機能の障害	28	28	28
身体の障害	27	27	25
さまざまな権利制限	22	22	22
上記の条文がある法令実数（総数）	483	505	661

（障害者欠格条項をなくす会事務局調べ 2020 年 3 月）

新しい欠格条項が設けられたのです。その結果、「精神の機能の障害」を理由とする欠格条項は、それまでの3倍以上の257本へと大幅に増加しました。

なぜ今ごろまた欠格条項？

　障害の状況によって、お金の管理などが困難な成人の、財産管理や契約行為を、代理人が行う成年後見制度があります。後見や保佐などの区分があり、親族などの申し立てを受けて家庭裁判所で宣告されます。成年被後見人や被保佐人となった本人は、認知症、精神障害、知的障害のある人が多く、これらの障害は「精神の機能の障害」の範囲とも重なります。

　成年後見制度を利用すると自動的に適用される欠格条項が、約200本の法律にありました。そのため、成年被後見人は2013年まで参政権がありませんでした。成年被後見人、被保佐人は、2019年まで、法人の役員や公務員、医師、警備員など、多くの資格・免許について、受験の段階から完全に締め出されていました。

　成年後見制度の利用促進を目的として、これらの欠格条項を削除する改正法が2019年に成立しました。しかし、大部分の法律は先述のように「心身の故障」欠格条項を新設し、その大部分は政省令で「精神の機能の障害」と規定しました。その結果、この2つの欠格条項が急増したのです。

　「欠格条項ってまだあるの？」と言われることもありますし、2000年前後の欠格条項撤廃を求める取り組みを知っている人にはむしろ、欠格条項は削除されたと思われていることがあります。ところが、なくなるどころか、大幅に増え、被害をさらに広げています。社会的障壁（欠格条項などの制度的障壁を含む）を除去すると定めている国内の法律にも反する状況です。

　経過については Q10（83ページ）をご覧ください。

勉強したことがムダにならない？

瀬戸山陽子

　将来医療福祉職などになりたいけれど、がんばって勉強しても、勉強したことがムダになることを心配する人がいるかもしれません。しかし近年障害をもちながら学ぶ学生は増えており、資格取得を目指す課程で学んでいる人も多くいます。

障害学生数や専攻別の数、障害のある専門職の数

　2021年の時点で、日本の大学や短期大学、高等専門学校といった「大学等」に在籍している障害学生数は40,744人、全学生数のうち、障害のある学生の割合は1.26％です。2006年から2021年で約8.25倍に増えました（次ページのグラフ参照）。

　専攻別の障害学生数について、たとえば保健（医・歯学）では356人、保健（医・歯学を除く）では1,519人の「支援障害学生」が把握されています。

　残念ながら就業者数は公表されていないものの、障害を理由に「免許を与えないことがある」といった相対的な欠格事由に該当し免許付与された医療者の数は、公表されているものがあります。2016年のデータでは、医師免許が3人（精神機能）で、看護師免許は38人（聴覚機能9人、音声・言語機能1人、精神機能28人）でした。これまで国家試験に合格した後に免許申請があり「保留」になっているのは、申請時に入院中だった1人のみです。

「大学等」に在籍している障害学生数

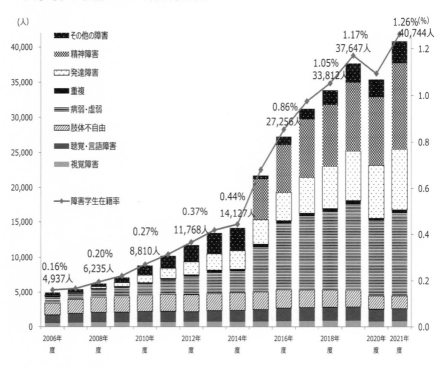

受験の際に配慮を受けるために

　受験で配慮が必要な場合は、受験先の学校に問い合わせましょう。オープンキャンパスなどに出かけていって直接尋ねるのもいいですし、ホームページに障害のある受験生向けの情報を公開している学校もあります。また、全国障害学生支援センター[★1]は、全大学対象の調査結果をまとめた「大学案内障害者版」を出しており、これには各大学の障害学生受け入れ実績や配慮内容などが掲載されているの

★1　全国障害学生支援センター
　https://www.nscsd.jp/（2022年9月10日最終アクセス）

で、参考になるでしょう。さらに、大学入試センターの共通テスト
では、配慮内容や申請様式が一般公開されています。

●教育機関で配慮を求めること

　障害のある学生が、学ぶことに伴うバリアを除去するために配慮
を求めるのは正当な権利です（**障害者差別解消法・Q11参照**）。しかし
現実的には、学生が教育機関での配慮を求めにくい場合があります。

　教員と学生は、評価をする側とされる側です。学生に障害がある
場合、教員は必要な支援をしながら評価をすることになり、支援者
と評価者の役割を同時に担う葛藤が生じます。評価を甘くしたり、
課題をただ免除することも起きかねません。学生側も、正当に評価
されなくなることを恐れ、配慮を求めづらい場合があります。とく
に福祉や医療系の教員は自身が専門職のために、目の前の学生が福
祉や医療の対象なのか、教育の対象なのかを混同してしまうことも
あるかもしれません。

　こういった懸念へのひとつの対応として、障害学生の支援には、
第三者の立場から調整する「障害学生支援員」の存在が重要です。
支援員には、学生からは学生自身の障害とそれによる困り事を、ま
た担当教員からは授業内容やその学生が学修する上でのバリアを聞
き取って、合理的配慮の具体的な内容について本人と対話しながら
調整・提案する役割があります。支援員は名称が異なる場合があり、
またすべての大学にいるわけではないのですが、障害学生支援部門
や健康管理室に所属していることが多いです。

他の障害学生のことを知るには？

　上で見てきたように、障害学生数の増加や資格を得た人の統計的
なデータは、説得力があります。しかし同時に、少数でも、当事者
が自分の言葉で語った体験には、参考になる点が多くあります。

「障害学生の語り」[★2]は、障害をもちながら高等教育機関で学んだ人たちの体験を、テーマごとに、映像や音声・テキストで閲覧できるウェブサイトです。なかには、脳性まひによる肢体不自由で社会福祉士になった人や、難聴で看護師になった人、車いすで医師になった人、全盲で盲導犬と一緒に教育実習を行って教員免許を得た人などが、それぞれ自分の思いや体験を話しています。

　さらに最近はSNSも普及しているので、障害のある人のコミュニティに参加してみるとさまざまなヒントが得られるかもしれません。

課題と考え方

　ここまで、障害のある人が学び、資格を得るなどしている現状を紹介してきましたが、課題が残されていることも事実です。

◉意識上のバリア

　欠格条項が今も存在する理由は、Q1にもあったように、たとえば医療者に関しては、患者さんの安全への懸念があげられています。他にも、就職時に疾患のことを伝えたら難色を示された例や、発達障害を理由として実習を許可されず資格を得られないまま卒業した例、医療系の学校への入学を希望した難聴の人が、補聴器をつけていると扱えない機器があることを理由に受験面接で難色を示された例がありました（**122ページ参照**）。これらに共通するのは「意識上のバリア」です。

　まず、障害があると患者さんを危険にさらすという主張に根拠はなく、それは思い込みや偏見です。学生が患者さんの安全に十分な配慮ができないのは、障害のためではなく経験不足のためで、それは障害の有無にかかわらずどの学生も同じでしょう。また障害のた

★2　DIPEx-Japan「障害学生の語り」
　https://www.dipex-j.org/shougai/（2022年9月10日最終アクセス）

めにその学生にできないことがあれば、学校側は、教育の本質を変えずに手段や場所を代替する合理的配慮の提供が必要です。さらに扱えない機器がある場合、その機器の使用は、その課程で学ぶことにおいてどの程度本質的なことなのかを検討することが求められます。保健医療福祉の現場は非常に多様です。教科書や学習リストにあっても、実習中に担当する利用者さんや患者さんの状態によっては、学生が経験しないで卒業要件を満たす技術や現場があります。全員に必ず求められる本質的な要件は何かを、学校側が見極めてあらかじめ学生に明示することが重要です。

●資格試験受験の配慮

　視覚障害のために資格試験で配慮が必要だったが、視覚障害のある人の受験がもともと想定されていなかったために申請から承認まで非常に時間がかかった例があります。もちろん、配慮内容は個別の状況で検討するものです。しかし資格試験の配慮や手続きであれば、たとえば国家試験の場合、「受験に伴う配慮事項申請書」が公開されています。試験を行う側は、あらかじめ障害のある人の受験を想定して、標準的な配慮に関して共通文書を作成しておくことができます。

　また仮に試験を行う側が準備をしていなかったとしても、配慮申請をなされた側は速やかに手続きを進め、障害のある受験生が、障害のない受験生と同じスタートラインに立てることを保証する必要があります。受験生は、“受験勉強そのもの”に時間とエネルギーを注ぐのが本来で、“受験をするための手続きなどの準備や交渉”に時間とエネルギーをとられてしまうのは、おかしいことなのです。

障害のある職業人が増える意義は？

　障害の有無にかかわらずなりたい職業を目指して学ぶことは個人

の権利ですが、同時に、障害のある従事者が増えることに価値があることも、読者のみなさんに知っておいてほしいことです。

　医療に関して言うと、世界では、障害の有無によって、医療機関への受診のしやすさや受ける医療の質に差があることがわかっています。たとえば障害の有無によって健診の受診率が違っていたり、障害のある人が医療機関を受診すると嫌な思いをするといったもので、それは、医療者集団が一様であることの弊害だと言われています。医療者自身が障害のある人と共に学び共に働いた経験が乏しいと、障害のある人に対してどう接したらよいかわからないということが起きてしまいます。

　障害のある従事者が増えることは、障害のある人に対する偏見をなくして、障害の有無にかかわらずアクセスしやすい保健医療福祉の現場を作っていくことにつながります。これは保健医療福祉関係だけでなく、あらゆる現場や社会に言えることです。読者のみなさんには、夢を諦めず堂々と前に進んでほしいと思っています。

参考図書
・羽田野真帆・照山絢子・松波めぐみ編著『障害のある先生たち──「障害」と「教員」が交錯する場所で』生活書院 2018

情熱は無駄にならない

医師／視覚障害　**福場将太**

　幼い頃から夜盲と視野 狭 窄はあったものの生活に支障が出る程度ではなかったぼくは、さほど気にも留めずに医大へ進学しました。5年生の時、眼科の実習でぼくを模擬診察した指導医が網膜色素変性症に気づき、いずれ失明するかもしれない未来が告げられました。そして予言どおりに症状は進行、どうにか卒業はしたものの国家試験は不合格。見えづらくて勉強が進まないという理由もありましたが、やはり「どうせ免許を取っても目が見えなくなったら無駄になる」という葛藤が原因でした。それでも両親への報恩と自分へのけじめとして再度受験、免許を手にしました。その後の視力低下のスピードを考えると、あと1年遅かったら通常の形式での受験は不可能だったでしょう。その意味では立ち止まらなくてよかったと思います。ただこんなできないことだらけの医者が働けるのか……迷った末に選んだのは医師不足で逼迫している僻地の精神病院への就職でした。

　あれからもう15年以上、全盲となった今も仕事を続けられています。学生の頃にまとめたノートはもう見えなくても、あの頃燃やした情熱は無駄じゃなかった。限られた能力でもそれを高めればちゃんと医療に貢献できる道はあるのです。

　だってぼくが目が見えているうちに国家試験を受験できたのはただの偶然。たまたまそのタイミングがずれただけで道が閉ざされるのはおかしい。健常者の何倍も何倍も腹をくくって働こうとしている、そんな情熱の持ち主たちに認められる資格が、活躍の場が、どうか増えますように。

学びつづけることで人生を豊かに

薬剤師／聴覚障害　**早瀬久美**

　1998年3月に薬剤師国家試験に合格した私は厚生労働省に薬剤師免許を申請しました。当時、製薬会社で社会人としてのスタートに意気揚々としていたものの、ずっと不安を感じていました。薬剤師である母とおなじく「私も薬剤師になりたい」と言った中学生の私に母は法律書を見せてくれました。そのなかにある薬剤師法にははっきりと「耳が聞こえない者には免許を与えない（欠格事由）」と書かれていました。しかし母は「法律は人が作ったものだから変わる可能性はある。だからいま諦めるのは早い」と言いました。それもそうだ、と大きく頷いたことを覚えています。そこから私の薬剤師になるための勉強はスタートしたのですが、薬学部のある大学を受験するときもほとんどの大学から聴力を理由に受験を断られてしまいました。そのなかで、明治薬科大学から、「もし入学したらできるかぎりのサポートをする」と心強い返事がありました。

　中学時代から大学卒業までの10年間ほんとうにいろいろなことを学んできました。難関の卒業試験を経て薬剤師国家試験に合格した時はうれしさよりも人の命を預かる社会的な責任感のほうが強くて武者震いしました。すぐにでも医療現場で働きたかったのですが、薬剤師国家試験に合格した時点でまだ法律は変わっておらず、自分のためにも、あとに続く子どもたちのためにも、堂々と耳が聞こえない私として薬剤師になる！という強い思いから、まずは耳が聞こえないことを明らかにして薬剤師免許を申請することにしました。

　「学んだことは人生においてかならずプラスになる」と信じていましたが、私だけいくら待っても免許交付通知が送られてこないので不安が大きくなっていました。1年半経ってやっと厚生労働省に呼ばれて

はっきりと「薬剤師法に載っている以上、薬剤師免許を与えることはできない」と言われました。そのときはさすがに「いままで学んできたことがすべて無駄になった」という絶望を味わいました。「やはり法律を変えなければいけない」と思ったそのとき、厚生労働省の担当者が「この法律はなくすべきだと思っている。だから後藤さん（旧姓）にはがんばってほしい。われわれもできるだけのことはしたい」と言ってくださったのです。ああ、厚生労働省でも同じことを感じてくれているんだと心強い気持ちになり、そのあとに多くの人たちの支えや応援のおかげで222万人もの署名が集まり、2001年7月に薬剤師をはじめ、多くの欠格事由が載っている法律が変わりました。しかし、本当の意味ではまだ制限があり、完全に制限をなくすためには多くの力が必要です。

　薬剤師になって20年以上経ち、いまは医療現場で働きながら、スポーツ現場でもアンチ・ドーピングに関する仕事をしています。2022年5月、ブラジルで開催された夏季デフリンピック競技大会の日本選手団に対してメディカルサポートを行いました。さらに当時の私が知ったら仰天するでしょうが、デフリンピック自転車競技の現役選手として出場し銀メダルをとり、3大会連続メダル獲得を達成することができました。本当に、まさかです。

　今私は、「学んできたことが無駄になることは100％ない」と胸をはって言い切ることができます。なぜなら、学びつづけることで必ずやそれを応援してくれる方々との出会いがあり支えがあり、自分の人生を豊かなものにしてくれます。学びつづけることそのものが人生であり、人との出会いが財産なのです。どのような結果になったとしても私はこれからもずっと学びつづけていくでしょう。

職業にかかわる欠格条項には
どんなものがありますか？

臼井久実子

　資格・免許が必要とされている職業があります。その資格・免許に、障害を理由とした欠格条項が定められているものがあり、学ぶことや就職し働きつづけることにも障壁になっています。その困難はありながらも、とくに福祉や医療は、障害や病を経験してきたことを活かして仕事をと強く望む人が多い職域で、従事する人も年々広がっています。本人そして学校や職場にも蓄積されてきている経験を活かして可能性を開いていけるでしょう。どの職業についても、情報を集め、先例からも学ぶこと、話し合えることが大切です。

いくつかの免許と障害を理由とした欠格条項の例

例1　社会福祉士免許、介護福祉士免許

　「精神の機能の障害」を理由とする欠格条項が定められています。「精神の機能の障害により社会福祉士又は介護福祉士の業務を適正に行うに当たつて必要な認知、判断及び意思疎通を適切に行うことができない者」に免許を与えない・免許を取り消す内容です。精神保健福祉士免許、保育士免許など、ほぼ同じ条文が設けられたものが多数あります。

例2　医師免許

　医師免許は、「視覚、聴覚、音声機能若しくは言語機能又は精神の機能の障害」を理由とする欠格条項が定められています。これらの障害によって「医師の業務を適正に行うに当たつて必要な認知、判

断及び意思疎通を適切に行うことができない者」に免許を与えない・免許を取り消す内容です。保健師、助産師、看護師、診療放射線技師、薬剤師など、医療職の大部分に、似た欠格条項が設けられています。ただし、薬剤師は、2001年に「聴覚、音声機能若しくは言語機能」の障害についての欠格条項が削除されました。

これらの免許交付申請の書類には、医師の診断書も含まれています。診断書の様式に、「補助的又は代替的手段があればその具体的内容」という項目があります。医師は本人からの聴取を踏まえて記載するよう求められており、本人は、さらに意見などがあれば、診断書に別紙で添付することもできます。上に挙げた医療職は、障害を理由とした欠格条項に該当するか、診断書などを元に厚生労働省が審査しています。

例3　自動車の第二種免許

タクシー、路線バスなどの運転手になるには、第二種免許が必要です。第二種免許の基準は「道路交通法施行規則」で細かく定められています。そのなかに、障害や疾患についての基準が含まれています。たとえば聴力は、必要に応じて補聴器を使って10メートルの距離で90デシベルの警音器の音が聞こえることが基準とされています。

例4　警備業

警備業の欠格条項は現在、「精神機能の障害により警備業務を適正に行うに当たって必要な認知、判断及び意思疎通を適切に行うことができない者」に認定証を交付しないか認定を取り消すことができるというものです。「精神機能の障害」があれば警備員になれないということではなく、医師が業務に支障がない症状と診断すれば、欠格条項に該当しないということになります。警備業は、今のとこ

ろは警備員になるための専門学校などはなく、未経験者が警備員になるには、警備会社に就職し、法律で義務づけられた研修を受けて、検定に合格することで、有資格者として働くことができます。

例5　公務員

「心身の故障のため、職務の遂行に支障があり、又はこれに堪えない場合」本人の意に反して降任または免職することができるという規定が、国家公務員法（1947年公布）、地方公務員法（1950年公布）に、公布当時から設けられています。国家公務員の処分は人事院規則が留意点を定めており、地方公務員の処分は自治体が取扱要綱などを設けている場合があります。

　また、職員募集や試験の案内に、身体検査や健康診断の結果によっては採用されない旨が記述されている場合があり、「試験に合格しても身体検査で落とされる」と応募を諦めた人から声があがったことで問題となっています。以前は、障害のある人を対象とした職員採用試験でさえ、約8割が「自力通勤できる」「単独で介助なしに職務遂行できる」「活字印刷文に対応できる」といった受験資格を設けていました。このような受験資格は不適切として改められつつありますが、存続している試験がまだあります。

　一方で、障害者の採用は拡大してきました。厚生労働省発表によれば、あわせて56,259名（実数）の、身体障害、知的障害、精神障害のある人が、国の機関や自治体で公務に従事しています（2022年6月1日現在）。

仕事につく、働きつづける

　上記のような資格や免許は就職に必要ですが、就職を保障するわけではありません。求職活動や実際に働くなかで、障害を理由とする差別と無縁でいることは難しい状況があります。欠格条項が残さ

れている職種はいっそう、障害や疾患があるとできないという否定的な見方が根深いですが、今ではたとえば目が見えない医師や耳が聞こえない薬剤師が各地で働いています。そうした経験を知り、知らせることに、本書をご活用ください。

　経験を知ることと同時に、どんな差別があるかを知り、差別にぶつかったときの構えをもっておくことは重要です。合理的配慮の提供の拒否も差別のひとつで、自分に必要な合理的配慮について整理しておくことは、求職の際にも働くなかでも、大きな力になるでしょう。

採用前の差別の例

・障害者を募集や採用の対象からあらかじめ除外する

　先述の例5の「自力通勤できる」「単独で介助なしに職務遂行できる」などの受験資格は典型的なものです。

・募集や採用にあたって、障害者だけに不利な条件を付ける

　例5の身体検査や健康診断のありかたは一例です。

・採用試験や面接で合理的配慮の申請を拒否する

　たとえば、「面接で文字や手話による情報保障を」という聴覚障害者からの申請に対して、音声で面接できる人以外は対応しないと拒否することは、合理的配慮の不提供という差別であると同時に、障害を理由とした雇用差別です。

・採用基準を満たす者のなかから障害がない者を優先して採用する

　たとえば、試験に合格した人のなかから、障害がない人だけを選んで採用することが、これにあてはまります。

採用後の差別の例

・仕事のしかたや環境の調整、合理的配慮提供の姿勢がない

　たとえば、出退勤時刻や休暇、休憩について、障害や疾患がある

人の通院や体調に配慮しない、習熟段階をふまえた教育訓練や適切な業務の指定をしない、研修を受けるために必要な情報保障を提供しないなどです。

・補助犬や補助機器を使っている、介助者や就労支援者をつけているという理由で、排除や不利益な取り扱いをする
・障害を理由として仕事を与えない
・障害を理由に低い賃金を設定し、昇給や昇格を認めない
・雇用側の都合で解雇する際に、まず障害者を解雇対象にする

　法律の対応関係としては、障害を理由とした雇用差別の禁止は障害者雇用促進法が定めています。障害者差別解消法は日常生活・社会生活を広く対象としています。

　関連して、障害者差別解消法の指針（対応要領・対応指針）に、合理的配慮は意思表明できる人に限られないことが明記されています。「本人の意思表明が困難な場合には、コミュニケーションを支援する者が本人を補佐して行う意思の表明も含む。意思の表明がない場合であっても、当該障害者が社会的障壁の除去を必要としていることが明白である場合には、建設的対話を働きかけるなど、自主的な取組に努めることが望ましい（抜粋要約）」とあります。また、学校や職場などで、合理的配慮のためには障害を周囲に伝えるべきと、本人に強要する例がありますが、障害を伝えるかどうか、誰に伝えるかは本人が決めることで、強要は誤りです。そもそも、障害の開示は合理的配慮の前提ではありません。本人から話を聞いた教職員や上司が本人と対話を重ねることによって、学校や職場での合理的配慮の提供を進めていくことができるでしょう。

　雇用差別を受けたとき、合理的配慮の不提供があったときのことについては、104 ページからの Q14、Q15 をご覧ください。

欠格条項改正が開いた未来の扉

医師／視覚障害　守田 稔

　私は、1999 年 5 月、医学部 5 回生時にギランバレー症候群を発症し、身体と視覚に大きな障害をもちました。当時は目が見えないと医師になれない法律（絶対的欠格条項）があったため、左目に残されたわずかな視野が頼みの綱でした。2001 年 4 月に 5 回生への復学を果たしましたが、同年 7 月に残っていた視野を完全に失いました。医師になる夢は閉ざされたと思い、一度はうつになりました。しかし、偶然同じ 2001 年 7 月、欠格条項改正の法律が施行されました。目が見えないことが相対的欠格条項になり、全盲でも医師国家試験を受けられる可能性が出てきました。可能性が 0 と、0 でないことの違いは大きく、欠格条項改正が私の未来の扉を開いてくれました。そして 2003 年 3 月の医師国家試験を全盲で受験し、合格しました。

　現在、私はペインクリニックの心療内科部門で外来診療をしています。目を必要とする事務作業はスタッフの助けを借り、カルテは音声パソコンを使って書いています。患者さんには最初に目が見えていないことを伝え、困っている症状を聞き、治療についての説明や薬の処方を行います。2008 年、「視覚障害をもつ医療従事者の会（ゆいまーる）」が発足しました。貴重な情報交換ができるだけでなく、同じ障害をもつ仲間とのつながりは心の支えになっています。

　2001 年 7 月の法律改正で、私の人生は変わりました。これから未来を目指す方々にとって、何らかの障害をもっていても、さまざまな仕事を目指せる世の中になることを心から願っています。

コラム
あきらめなくてよかった

医師／聴覚障害　**関口麻理子**

　私は聴覚障害をもつ医師です。転機は高校2年の夏でした。友人たちが進路を決めていくなか、なかなか将来の目標が見つけられずにいました。聴覚障害ゆえに、自分にできることは何もないように思えていたのです。そんな時、聴覚障害をもつ社会人の方々と出会う機会があり、彼らの生き生きとした姿から、選択肢から外していた子どもの頃の夢を思い出しました。「医師になりたい」。

　周囲からは反対の声が上がりました。「聞こえない医師なんて聞いたことない」「絶対無理」「聴診器はどうするの？」「残念だけど他によい道があるよ」というアドバイスを多く受けました。それでも背中を押してくれる人がいて、受験勉強の末、医学部に入学しました。医学部での授業や実習は当然、健常者仕様に作られています。友人の手助けで何とか卒業したものの、一人ではできない。本当に医師になれるのか、自信を失うような状況でした。ところが、実際に医師になると、聴覚障害者流のやり方でできることがたくさんありました。聴診器に頼らない診療や、電話の代わりの機器もあります。さらに医療は多様な経験をもつ多職種による相互補完的なチームとして成り立っています。私が助けられることも、助けることもあります。

　聴覚障害者として経験したすべてのことが貴重な糧となり、診療に生かせていると感じています。あきらめなくてよかったと心から思います。

コントロールしながら働きつづける

看護師／てんかん・うつ病　**加納佳代子**

　私は看護師長をしていた38歳の時にてんかんとなり、看護部長であった54歳でうつ病になり、1年間休職した後大学院へ行き、看護学部の教員として13年間働き、70歳からは精神科病院で働きつづけています。抗てんかん薬を変更しながら34年間服用しつづけ、発作がコントロールできなかった時期もありましたが、最近は治まっています。

　100人に1人はてんかんで、発作のあり様は千差万別です。私はてんかんを公表していますが、公表していない人を含めればてんかんの看護師は大勢います。薬を飲み忘れず、睡眠や休息を十分にとり、発作をコントロールしながら、働きつづけることができます。

　とはいっても、かつての私はてんかんであることを受け入れられず、怠薬して大きな発作を起こしたり、てんかんでもこれだけがんばれることを示そうと無理をしてあがいていました。しかし、てんかんやうつ病とは友達として付き合っていこうと腹をくくると楽になりました。てんかんであろうがなかろうが、病や障害があろうがなかろうが、結局は自分らしく生きていくことが一番ですから。

　入学する前からてんかんであっても同じです。「薬を飲み忘れず、睡眠を十分にとり、がんばりすぎない」ができれば、実習も国家試験も乗り切れます。てんかんは友達ですから。

壁にぶつかったら相談しよう

弁護士／聴覚障害 **松田 崚**

　私は、今、聴覚障害のある弁護士として働いています。耳はまったく聞こえませんので、手話通訳、メール、音声認識アプリなどを使って働いています。私が目標としていた弁護士になるまでの間には、進学にあたって相談した学校から、「聴覚障害があるからといって特別なことはできない」などと言われることは珍しくありませんでした。幸いなことに、相談できて助言をくれる先輩と「あなたが入ったら支援します」と明言してくれる学校に出合い、全面的なサポートの下、勉強やインターンシップなどに励むことができました。

　これは障害者差別解消法施行前の出来事ですが、残念なことに今でも、進学や職業に就くにあたって、障害を理由に拒否されたり、合理的配慮はしないと言われる事例は起きています。しかし、だからといって、その人が目指している夢、持っている選択肢や可能性を諦める・断念する理由にしてよいはずがありません。

　とくに「入学後支援が必要だと考えるようになったけれど、必要な合理的配慮が受けられない」「実習先や就業先で必要な合理的配慮を受けることができない」という重大な障壁に突き当たり悩みを抱えている方もいると思います。

　もしこれを読んでいる生徒、学生や就業者、その教育関係者、支援者、ご家族など周囲の方がいたら、抱え込まず、遠慮なく周囲に相談してみたり、本書でも紹介されているような相談先などに一度ご相談してみることをおすすめします。

Q5

スポーツや趣味を楽しむことに、
欠格条項は影響していますか？

臼井久実子

　スポーツクラブへの入店や入会、テーマパークなどのレジャー施設の利用を、障害があるから、車いすを使っているから、といった理由で断ることが、各地で絶えず起きています。障害がある人が裁判に訴えて民間施設側が敗訴した例も出ています。

　かつては、都道府県や市町村の大部分が、障害がある人の公営プール利用などを制限する条例を設けていました。そのことは、上述の民間施設の姿勢にも影響しているとみられます。

　また、国の法令の欠格条項が、ヨット、ボート、バイク、自動車、グライダーなどの操縦を趣味として楽しむことからも、障害のある人を遠ざけてきた状況があります。

　一方、趣味をあきらめたくない人たち、海や空などの体験を共にしようと動いた人たちが、情報や経験を共有しながら、その可能性を広げてきました。

欠格条項に変化があったこと

　船舶職員、水先人などを規定する法律の欠格条項は、2001年にかけて改正された結果、業務を行うに差し支える重い疾病または身体機能の障害のないことが基準になりました。つまり、障害を補う手段を講じた上で業務に支障をきたさないことを前提として、検査も実質的な身体機能で評価するようになりました。たとえば、色覚に障害（特性）がある人は、業務に使うブイの赤黄青の識別ができれば合格となりました。ヨットやボートの操縦については、国際的

なネットワークで「誰でも海へ」と活動してきたヨットエイドジャパン（現・NPO法人日本障害者セーリング協会）が調査・提言を行ったことが、法制度の改正につながり、試験や研修のありかたや研修のテキスト、船や港の設備までも変えてきました（**44ページ参照**）。

電波法には、「著しく心身に欠陥があつて無線従事者たるに適しない者」に対して免許を与えないことができるという欠格条項が、現在もあります。ただし、電波法に基づく無線従事者規則は、アマチュア無線について、1960年代から障害者に門戸を開いてきました。その背景には、障害のある人の多くが、やむをえず在宅生活をしていたなかで、アマチュア無線で仲間や社会とつながることができたことにくわえ、一般に趣味にする人も多かったという事情があります。アマチュア無線を始めるには、国家試験に合格するか定められた講習会を受講して修了試験に合格することが必要ですが、当時はその講習会の会場がエレベーターのないビルの3階で、「狭い階段を必死に杖で上ることから始まった」という人もいました。

最近では、ドローンのように、障害種別にかかわらず操作が可能なものが普及してきたことを踏まえ、2019年の無線従事者規則の改正によって、視覚、聴覚や音声言語機能、精神の機能の障害がある人も、「機能の障害により無線従事者の業務を適正に行うに当たって必要な認知、判断及び意思疎通を適切に行うことができ」れば、第三級陸上特殊無線技士と各級アマチュア無線技士の免許を取得できることになりました。規則は毎年のように改正されています。今また、コロナ禍や災害対応の面からも、アマチュア無線への関心が高まっています。

地方公共団体には、プールをはじめ、体育館、キャンプ場、青少年の森といった市民スポーツ施設について、精神障害者や知的障害者の利用を不可とする条例が多数ありました。その条文で使われた言葉も、「精神異常」「精神的欠陥」など、きわめて差別的でした。

　障害を理由に市民プールなどの利用を断られることが続くなかで、1970年代の東京都で、地域のプールや公的施設の利用制限について調査し、自治体と交渉し、プール入場制限の撤廃に導いた市民団体の取り組みがありました。1980年代には、大阪精神医療人権センターが、公民館や図書館の利用や議会の傍聴も含む条例を調査して自治省に申し入れ書を出しました。その後も関係団体などによる調査と提起が重ねられ、報道もされるなかで、公的施設利用を制限する条例の多くは姿を消しましたが、議会や委員会の傍聴規則など、いまだに放置されているものもあります。条例を制定した議会による定期的な点検と是正が欠かせないと言えます。

硬直した基準、差別・偏見に基づく制限

　航空機には、用途や規模の違いによって、たくさんの種類がありますが、機体を操縦するには、国土交通省が定めている航空身体検査に合格することが必要です。

　日本の航空身体検査の基準は、片目が見えないという理由で門前払いしていますが、米国では、障害のあるパイロット候補生が安全に操縦する能力があると判断された場合、能力証明書（Statement of Demonstrated Ability:SODA）が適用され、免許取得が可能となります。2020年米国航空局調べによれば、SODA取得人数は9,171名おり、万人に米国の空が解放されています。たとえば両腕がない人や下半身がない人にも航空機操縦の可能性を開いています。視覚障害がある人が航空輸送に従事している例や趣味で操縦している例もあります。

　そのお一人が、北海道出身の前田伸二さんです。前田さんは、片目の視力がないという理由で日本では操縦免許をもてないため、渡米して、事業用パイロットになりました。現在は、飛行教官としてパイロット養成に携わっています。前田さんは2021年に、世界史

上139人目の地球一周単独飛行を成功させました。1933年以降かつコロナ禍初の快挙でした。前田さんと同じく片目が見えない吉田大作さんは、生まれてすぐに失明しました。見え方について片目だから危険とか不便ということはなく過ごしてきて、学校の先生をしています。趣味のグライダーを操縦するために、国土交通省などにも働きかけましたが、進展のないなか、ハワイでライセンスを取得しました。お二人ともに、日本の空を飛ぶことをめざして取り組みを続けています。

　また、民間スポーツ施設などは、事業者が定める規約やルールで「心臓病、高血圧症、伝染性皮膚病、伝染病、精神病及びこれに類する疾患のない方」、「入会後、心臓病、高血圧症、伝染病、精神病、およびこれに類する疾患にかかられた方、また妊娠された方は、ご申告ください」などと書かれているものが多数あり、どれも同じような記述がされています。精神病をはじめ、疾患名をあげて一律に制限することは、障害者差別解消法第7条、第8条の「不当な差別的取扱い」につながりかねない記述と言えます。

　民間施設も、2024年6月4日までには、障害者差別解消法に基づいて合理的配慮の提供が義務づけられます。このことは、スポーツ施設やレジャー施設はもちろん、映画や演劇や音楽などの集客施設のありかたにも大きく関わります。手話通訳・文字通訳などによって情報面の障壁をなくすことも求められます。障害や疾患のある人が、観客の立場だけではなく出演者や主催者の立場で、安心して快適に利用できる、誰もが共に楽しめるものにすることに役立ちます。施設として合理的配慮の提供の義務を果たすことと、取り組みの遅れがある現状を管轄官庁がこれ以上放置しないということの、両方が必要です。

　上述のように、法制度によっては趣味をあきらめたくない人が働

きかけて変えてきました。趣味が障害の有無をこえたつながりになることもあります。自動車やバイクなどの運転は、生活や仕事に欠かせないと同時に、趣味としても親しまれています。たとえば、障害のある人の免許取得や改造、ドライブやツーリングの体験や情報は、インターネットなどで見ることができます。

　興味があることは、ぜひ情報を探してみましょう。

参考図書・ウェブサイトなど

・アマチュア無線で世界とつながる「ノーマライゼーション障害者の福祉」2015年9月号
https://www.dinf.ne.jp/doc/japanese/prdl/jsrd/norma/n410/n410019.html

・グライダーパイロット免許取得ツアー in ハワイ「障害者欠格条項をなくす会ニュースレター」44・45号
https://www.dpi-japan.org/friend/restrict/essay/index.html

・前田伸二『単独世界一周フライトを成し遂げた隻眼のパイロットが語る「夢を実現するための方程式」』IBC パブリッシング出版 2022

・UDCast（ユーディーキャスト）：「アート・カルチャー体験の扉をあらゆる人に開かれたものに」を目標に、相談窓口も開設。サービス提供：Palabra 株式会社
https://udcast.net/statement/
（上の URL はすべて 2023 年 1 月 10 日アクセス）

自然は誰にでも平等
セーリングを通した当たり前の実現に向けて

大塚 勝

　NPO法人日本障害者セーリング協会（PSAJ）は1990年にヨット愛好家によって設立された障がい者セーリング普及団体です。現在多くの障がい者が自分のヨットを持ちセーリングを楽しんでいます。1990年当時海外では当たり前だったそのような風景を日本でも作ろうとしましたが、当たり前のことを実現するために日本ではたくさんの壁を越えなければならないことを当時は誰も想像できていませんでした。

◉小型船舶操縦士免許の欠格条項改正へ

　設立後開催した障がい者向けのヨット体験会は好評を博し、操船技術を身につけた人が自分のヨットを持つため小型船舶免許試験に挑戦することになりました。しかし結果は身体検査で不合格。日本の当時の小型船舶操縦士免許には身体検査に「屈伸できること」など身体機能のみで判断する合格条件（欠格条項）があったからです。PSAJでは、歩けない障がい者がお尻と手の機能を使って船の中を移動し自力で操船できることがわかっていました。また当時、海外では小型船舶の操縦にあたって日本のように厳しい身体条件を課している国がないことも調査の上でわかりました。そこでPSAJは担当省庁への積極的な働きかけやたび重なる協議を行い、2000年に小型船舶の免許が改正。従来機能面のみで判断されていた身体検査が「障がいが操縦に支障を及ぼさないこと」という能力面での判断基準に変更されました。一方関係者は障がいについての知識がありません。そこでPSAJでは小型船舶免許の関係者を対象に全国各地で障がいについての講習を実施。現在では全国の試験場で障がい者が安心して必要な配慮を受けながら受験できる環境が整っています。

●マリーナをアクセシブルに

PSAJ が活動を始めた 1990 年当時のマリーナ[1]施設は障がい者が使うことを前提に造られておらずバリアだらけでした。そこで PSAJ では 1998 年に「マリーナ障害者用設備指針」を発行し各地のマリーナに配布。以後全国各地の港湾施設のバリアフリー化を継続して推進し、2018 年にはマリーナだけでなく海の駅[2]やフィッシャリーナ[3]なども対象とした「海の障害者設備指針」を国土交通省の協力で、発行しました。

●セーラーに障がいの有無は関係ない

障がい者のセーラーが増えても健常者セーラーからは「介助対象者」と見られ、「障がい者がヨットに乗るなんて危険だ」、そんな声が多く聞かれました。そこで PSAJ では、2001 年に国産初の障がい者用ヨットを建造し、障がい者のセーリングパフォーマンスを広く周知しました。また、「海の障害者マーク」を作成し、全国のマリーナに配布。マークを掲げたヨットがマリーナに寄港した際は障がい者が乗っているサインであることを伝え、障がい者セーラーが単独でマリーナを使える仕組みを作りました。2017 年には障がい者セーラーを増やすべくパラキャプテンチャレンジを開始。免許制度の説明も含めたセーリング体験会を全国で展開しています。

さて、障がい者にとって当たり前の実現がどんなに大変なものかおわかりいただけたかと思います。そして真の実現に至るまでにはまだまだやらなければならないことがあるのです。ユニバーサルな社会とはどうあるべきか、私たちの取り組みを通してあらためて考えていただけたらと思います。

★1　マリーナ　小型船舶の停泊・保管を目的とした施設
★2　海の駅　一般利用者に開かれた船舶係留施設
★3　フィッシャリーナ　漁港の一部をマリーナとしても活用できるようにした港湾施設

Q6

障害や疾患のある人の運転免許は
どのようになっていますか？

臼井久実子

　進学や就職を控え、自動車教習所に通うという人もいるでしょう。運転免許の必要性は、障害や疾患があるなしをこえて、共通しています。

　たにぐちまゆさんは10代から精神疾患があり、2014年に免許更新を迎えた時点で、10年余り無事故無違反で運転していました。ところが、この更新で免許の取り消しを言い渡されました。たにぐちさんは納得できず、弁護士も同行して警察と応答を重ねました。なぜこんなことが起きたのでしょうか。

　現在の道路交通法（第90条、第103条）とその施行令（第33条の2の3、第38条の2）は、統合失調症、そううつ病、てんかんなどの疾患名や特定の身体の障害をあげて、免許交付の拒否または保留、取り消しまたは停止をすることができると定めています。その上で、免許を認める条件は道路交通法施行令で「自動車等の安全な運転に必要な認知、予測、判断又は操作のいずれかに係る能力を欠くこととなるおそれがある症状を呈しないもの」とされています。「症状を呈し」ているかどうかは主治医の診断書で判断されています。

　なお、運転免許は都道府県公安委員会が管理しており、試験の実施や相談窓口など実際の業務は、都道府県警察（東京都は警視庁）が行っています。

精神疾患などがある人と運転免許

　たにぐちさんが警察の「運転適性相談窓口（2019年から安全運転

46

相談窓口と改称、以下では窓口と略）」の求めで提出した主治医の診断書には、「再発のおそれは否定できない」と書かれていました。「再発のおそれがあるかどうか」と「運転に必要な能力を欠くおそれがある症状を呈しているかどうか」は、別のことです。ところが、診断書を受け取った窓口は、ただちに免許を取り消そうとしました。法令からも逸脱した対応と言えます。

　医師の診断書の様式は、2014 年から、診断の時点で「運転に必要な能力を欠くおそれがある症状を呈し」ているかどうかを記入するものに改訂されました。本稿執筆時点では 2020 年版の警察庁通達「主治医の診断書の書式のモデルについて（警察庁丁運発第 233 号）」が用いられています。しかし、以後もなお、窓口で疾患名を伝えただけで、通院歴やお薬手帳のコピーなど個人の医療情報を求められるといった対応があります。

　2013 年に新設された「自動車の運転により人を死傷させる行為等の処罰に関する法律（自動車運転処罰法）」は、第 3 条第 2 項で「自動車の運転に支障を及ぼすおそれがある病気として政令で定めるものの影響により、その走行中に正常な運転に支障が生じるおそれがある状態で、自動車を運転し、よって、その病気の影響により正常な運転が困難な状態に陥り、人を死傷させた者も、前項と同様とする」と規定しています。この「政令で規定されている病気」は、道路交通法令に挙げられている統合失調症、そううつ病、てんかんなどの疾患名とほぼ同じです。故意に飲酒運転などをした場合と、病気という故意性のない場合とが同じ処罰とは、筋が通りません。

　そもそもの問題は、上述のように疾患と結びつけて「自動車の運転に支障を及ぼすおそれがある病気」という見方で法令を作ること、「運転に必要な能力を欠くこととなるおそれがある症状を呈しないもの」という欠格条項を設けつづけていることにあります。こうした法令が、精神疾患などに対する社会の差別・偏見を強化するとい

47

う悪循環を生んでおり、法令の根本的な見直しが求められています。

　精神疾患でも身体疾患でも、信頼できる医師の診察をふだんから受けられるようにすること、もしも運転について何か不安があれば、主治医と相談することが大切です。

　「患者の自動車運転に関する精神科医のためのガイドライン（日本精神神経学会ガイドライン）2014年6月25日版」（https://www.jspn.or.jp/modules/advocacy/index.php?content_id=38　2023年1月11日アクセス）には、「免許の申請・更新時に、病気であることや症状があることを隠すと、罰せられると聞きましたが、本当ですか？」などの切実な疑問にも答えるもので、先述の警察庁通達に付けられた参考資料でもあります。ぜひ、ご一読をおすすめします。

聴力と運転免許

　今では、耳がまったく聞こえなくても、補聴器をつけてもつけなくても、普通第一種免許と準中型第一種免許は、すべての車種を運転できます。第二種免許が必要なバスやタクシーについても法令が見直され、聴覚障害がある人も就業できるようになっています。しかし、中型、大型、大型特殊、牽引_{けんいん}の免許は聴力程度によって制限されており、たとえば農業用のトラクターを操縦できないことが問題になっています。

運転免許の更新等運転免許に関する諸手続きについて
・質問票
　https://www.npa.go.jp/policies/application/license_renewal/pdf/shinkoku.pdf
・手続きについて
　https://www.npa.go.jp/policies/application/license_renewal/index.html
いずれも警察庁サイト上に掲載（2023年1月11日アクセス）

視力と運転免許

　「日常生活での最大の不便は、普通自動車の運転免許が、視力基準により、取得できないことです。原付二輪免許は交付され、長年無事故で運転していますが、普通自動車免許がなくては、就職も難しいです」。視力基準に阻まれている人が、このような切実な声を上げてきました。

　日本の普通第一種免許は、「両眼視 0.7 以上、片目失明の場合も 0.7 以上」という視力基準が道路交通法施行規則に設けられており、かつ、医学検査の数値のみで免許交付の是非が決定されています。

　他方、諸外国の非商業用免許（日本の普通第一種免許に相当）は、両眼視 0.5 以上、片目失明の場合 0.5 以上から 0.6 以上が多く、日本より低い基準です（いずれも矯正視力）。

　たとえばカナダは一般に、医学的な要件を満たさない場合でも、個別の運転適性のアセスメント（運転する環境や補助機器の使用を含め

運転免許の視力による制限（非商業用免許の場合）

国・連合体	両眼			単眼
	両眼視	視力のよい方の眼	視力のよくない方の眼	片目失明の場合
ＥＵ	0.5			0.6
スイス		0.6	0.1	0.8
イタリア	0.5		0.5	
イギリス	ナンバープレート読み取りテスト			
ドイツ		0.5	0.2	0.6
オーストリア		0.5	0.4	
フランス	0.5			0.6
スウェーデン	0.5			0.6
アメリカ	0.5		0.28	
カナダ		0.5		0.5
オーストラリア		0.5		0.5
ニュージーランド	0.5	0.33	0.33	0.33
日本	0.7	0.3	0.3	0.7

（2003 年度警察庁委託「安全運転と視覚との関係に関する調査研究」のデータから作成）

49

て、その人が適切に運転できるかの評価）を通じて、条件付きで免許が交付されることがあります。上記は警察庁委託調査研究報告に記載されていることです。しかし、公安委員会は「我が国の視力の基準を引き下げることは安全性の低下につながる」という姿勢を変えてきませんでした。

2001 年までの法律と障害や疾患がある人の取り組み

　道路交通法には 2001 年まで、「精神病者、知的障害者、てんかん病者、目が見えない者、耳が聞こえない者又は口がきけない者、そのほか政令で定める身体の障害がある者」に「第一種免許又は第二種免許を与えない」という欠格条項がありました。「道路交通に危険を及ぼす」という理由で、法律上いるはずがない者、いてはならない者とされていたのです。2000 年末前後に意見募集された道路交通法改正試案には「運転免許試験に合格した者がてんかん、精神分裂病（統合失調症）にかかっている者である場合には原則として免許を拒否する」とあり、多数の反対意見によってこの案は通りませんでしたが、2011 年から免許の交付申請や更新の際にすべての人が記入する「質問票」が、病気の症状について厳格化されました。

　自動車運転処罰法案が出された際は、当事者団体などが差別が助長される危惧を表明し、慎重な審議を求める署名を広く呼びかけました。知的障害がある人の場合は、実技試験に合格しても筆記試験の問題文がわかりにくく不合格ということが続いたため、自動車学校によっては問題集にルビをいれるなど支援し、また自分たちでも勉強会を開くなどして合格をかちとる取り組みがありました。前後の動きは 88 ページ（**Q11**）もご覧ください。

行政不服審査法について

　もし、障害や疾患を理由に、免許の交付拒否・保留・取り消しの

処分を受け、本人として納得できず、医師も「運転に必要な能力を欠くこととなるおそれのある症状を呈していない」と診断していれば、不服申し立てという方法があります。行政不服審査法に基づいて、処分を知った日の翌日から３カ月以内に、都道府県の公安委員会に不服申し立てができます。まず弁護士とよく相談して法的支援を得ることが望ましいです。

　また、日本では、鉄道や路線バスなどの公共交通がないか、あっても廃止リストにのせられた地域が拡大しています。自動車の運転以外に移動手段がないという状況は、社会生活上の大きな不利益をもたらしています。誰もが無理せずに運転しやすい自動車や運転環境に変えていくこと、そして運転しない人や運転できない人も自由に移動できる社会にしていくことが、大きな課題と言えるでしょう。

参考図書・ウェブサイトなど
・たにぐち万結（まゆ）「精神病で運転免許を返上しなくちゃいけないの？」
　http://orifure-net.cocolog-nifty.com/net/2014/11/post-5199.html

・三野進「道交法『改正』後の運用上の諸問題―運転適性相談窓口、質問票、診断書について」
　http://orifure-net.cocolog-nifty.com/net/2015/01/post-fbc4.html

・三野進「精神疾患にある人の自動車運転に係わる法改定―どう対処すべきか（短縮版）」
　http://orifure-net.cocolog-nifty.com/net/2014/10/post-b64b.html
（上記はいずれも、「おりふれ通信」インターネット版 2014-2015、2023 年 1 月25 日アクセス）

運転免許更新の経験から

写真家／統合失調感情障害・車いす使用　熊野杉夫

　これから免許更新をするみなさんの役に立てばと思い、自分の体験を少し書いてみることにします。

　ぼくは、精神と身体（2級）の障害をもつ重複障害者です。はじめ免許を取ったときは、障害はなかったのですが、その後障害をもち、約40年以上、ほぼ毎日のように運転をしています。身体に障害を持ってからの免許の更新は、はっきり覚えていないのですが、5回以上になりました。

　ぼくの経験では、免許更新時の試験場の検査は、だんだんときびしくなっているように感じています。ぼくは、ほとんど毎日運転をしていますが、以前の更新時、免許は、ゴールド免許での更新でした。それでも、ぼくが行った運転免許試験場では、障害者には、別の部屋が用意されていました。この部屋にまわされるのは、主に、身体障害のように、外から見える障害者に限ります。障害者というだけで、自分のように運転を毎日のようにしていて、その上、ゴールド免許をもっている場合でも、別室で、障害がない他の人とは別のことが試されるというのは、それだけでも嫌なものです。

　別室では、最低限のこと、つまり、ハンドルがまわせるか、ブレーキとアクセルが踏めるかどうかといったことを確認されます。これまでは、それを簡単に確認され、それがパスすれば、そのまま通してもらっていました。

　それが今回はなぜか、今までは実技の詳しい検査などなかったのに、ゲームセンターにあるような機械で運転のシミュレーションをして、障害物があった場合はクラクションを押すという反射神経を試すような試験をさせられました。なぜその試験を受けなければならなかった

のかはわかりません。ただ、警察官の腹の虫の居所が悪く、他の人よりも一段厳しい試験を受けさせられたとしか思えませんでした。その間、試験官からは、「試験にパスしないと更新できない可能性もある」といったプレッシャーをかけられるなど、とても嫌な経験をしました。なぜそんなことを言われなければならないのか、理解に苦しみました。

　結果的に運転のシミュレーションを二度受け、こちらの真剣さも伝わったのか、試験にパスすることができました。毎日、車の運転をして、家族の送り迎えなどしているため、免許の更新ができなくなると大変なので、本当にほっとしました。

　ぼくは、警察官の腹の虫の居所で、厳しい検査を受けさせられるようなことはおかしなことだとしばらく頭にきていました。でも、絶対に警察官と喧嘩をしてはだめだというのは、これまでの経験からも言えることです。そんなことをしたら更新できるものもできなくなるからです。自分は、精神障害の関係でも、この間、免許を取り上げられそうになるような経験もしてきました。そのたびに、恐い思いをしながらも、自分にとって必要な免許を維持してきました。

　ぼくにとって、運転免許は、生活に欠かせないもので、簡単に取り上げられたりしたら、非常に困るものです。まして、更新時の検査官の腹の虫で、免許更新が危うくなるようなことがあるとしたら、それは一大事です。でも、おかみは、障害を理由に、権利をはく奪しようとする、欠格の烙印を押そうとするのだなということを、免許更新時にふっと思いました。

私たちのことは私たちが決める

野本千春

　私は 30 代なかばに突然数回のてんかん発作を経験しました。当時、精神科のクリニックでソーシャルワーカーとして働いていましたが、親族にてんかんの発作を経験した者はおらず、青天の霹靂ともいうべき経験でした。幸い専門医の治療を受けつづけて、発作症状は 1 年かからず消失しました。精神疾患はポピュラーな病気で、その点、身体疾患と変わりません。それなのに、です。偏見や差別、隔離や収容、監視や管理のもとに置かれ不合理、不条理な扱いを受けており、その現実すら社会で十分に認識されていない。

　私は、てんかんの発作を経験したことによって当時の道路交通法の欠格条項に当てはまるようになりました。当時、大きな地方都市に暮らしており、公共交通機関が整っているので、いくつかの不便を我慢すれば何とかなったのですが、車の運転ができないとたちまち生活に困ってしまうような土地に住んでいる人は大変です。服薬治療で発作が起きないようコントロールできているにもかかわらず、発作を経験したというだけで医学的な合理性を抜きにして有無を言わせず運転が禁止される、ということは理不尽と感じました。2012 年、京都で運転手のてんかん発作によるとされた大変痛ましい自動車事故が起きました。その際にはいろいろな議論が起き、私も欠格条項に対して思いや考えを発信していたので、当事者として新聞やテレビのインタビューを受けたことがあります。その思いと考えについて述べたいと思います。

　世界では 2008 年、障害者権利条約が発効し、遅れて日本も批准しましたが、障害者権利条約にうたわれているのが「私たち抜きに私たちのことを決めないで」であり「合理的配慮」の尊重です。納得のいかない不合理な、不条理な処遇をもうやめてほしい、ということです。た

とえば欠格条項の不合理、不条理なその性格を端的に示すならば1987年まで続いていた公衆浴場法における精神障害者の排除があるでしょう。銭湯に入るような、つまり地域社会で生きてゆく上で必要な場と機会、手段からの排除をしていると言えます。

　現在、日本では約29万人もの人が精神科病院に入院していますが、そのうち7万人以上ともいわれる人が治療上の理由ではなく社会に受け皿がないという理由で収容され、病院で「暮らして」います。治療でも療養でもなく合理的な理由なく地域社会から排除されています。私自身、精神保健福祉士という資格を持って仕事をしています。精神保健福祉士は精神障害を持つ人たちの社会復帰を促進するために1997年にできた資格ですが、いまだ状況が大きく改善されたとは言えません。当たり前の地域社会での暮らしの代わりに精神科病院への隔離と収容、管理と監視のもとで生きていると言わざるを得ない状況が続いています。不合理な欠格条項の存在もまた、そうした精神障害者を取り巻く状況において地域社会で当たり前に暮らす場と機会、手段から排除していると言えます。

　私の例でも言えますが、精神障害は突然身に降りかかります。誰もが当事者たりえるのです。そのときあなたならどうするでしょうか。私は「私たち抜きで私たちのことを決めないで」「合理的配慮を尊重して」と、ともに声を上げていけたらと思うのです。

身分証明書として便利

こらーるたいとうメンバー／統合失調症　**K.O.**

　ぼくは統合失調症です。高校卒業後は、とある工場で働きました。ただ、失恋がきっかけで落ち込んでしまい、1カ月ほどで仕事を辞めてしまいました。その後、工事現場で力仕事をしたり、飲食店で接客をしたり、トンカツを揚げたりと調理もしました。けれども20歳になったあたりから、家に引きこもるようになってしまいました。

　そんな時期に、運転免許を取りました。最初、ぼくは「そんなものは必要ないよ」と思いました。けれどもお母さんから「1日中家にいて何もしないなら……」と言って教習所に通うことを強く勧められたので、免許を取ることにしました。実際に、それを取得するまで本当に苦労しました。ペーパーでの学科試験は問題なかったのですが、運転実技のほうで何度も失敗してしまいました。とくに車庫入れが難しかったと記憶しています。不合格が重なり、教習所に通いはじめてから免許を取るまで1年かかってしまいました。取れた時はとてもうれしかったです。

　その後、運転はまったくと言っていいほどしていません。そもそも運転をしたいとも思いません。ぼくの友達の何人かは車を持っています。友達が車に乗っている姿を見ても、「すごいな〜」とは思いますが「自分もしたい！」とは思いません。憧れもとくにないです。

　今もなお更新は続けています。理由は、身分証明書としてとても便利だからです。たとえば、図書館の利用カードを作る際に使いました。加えて、ぼくは今も BOØWY の曲を聴くのが好きです。CDレンタルショップを利用する時にも、免許が身分証明になりました。またぼくは生活保護を受給しています。生活保護を受けていることを証明する生活保護受給証明書を身分証明として使うこともできます。ただそのたびに発行してもらう必要がありますし、発行するのにお金もかかりま

す。その点、運転免許はとても便利です。

　最初こそ教習所にいやいや行っていました。しかし後になってから、ぼく自身、身分証明の必要性がわかるようになってきました。だからあの時、運転免許を取ることができてよかったと心から思っています。

コラム
運転免許更新時の対処について

　私は街の精神科医です。精神疾患のある方々が、どのように対処すれば運転免許を保持することができるか考えてみます。

　免許更新案内には、病気にある方のための相談窓口の案内が書かれています。しかし、窓口に出向いても病歴を尋ねられたあげく、診断書を医師に書いてもらうよう渡されるだけです。道路交通法では、幻覚のある統合失調症とそううつ病は欠格とし「安全な運転に必要な能力を欠くこととなるおそれのある症状のないもの」にだけ免許を与えるとしていますが、「おそれのある症状」については何も規定していません。この判断は主治医が行うことになっているので、診断書を渡すほかないのです。

　更新時には、質問票への回答が求められます。「はい」か「いいえ」に✓（チェック）をつけることで「病気の症状の申告」となります。精神疾患に該当するのは、「5．病気を理由として、医師から、運転免許の取得または運転を控えるよう助言を受けている」の項目です。治療経過のなかで、主治医から受けた助言を思い起こせばよいのです。精神症状があっても安定した生活を送っていて、症状が原因で事故を起こしたことがない方は、質問5に「いいえ」としてよいはずです。

　一方、診断書の提出が求められた時には、本書 48 ページに紹介のある日本精神神経学会ガイドラインを参照してください。主治医にはガイドラインを熟読し、現在の病状に見合った判断をするよう依頼してください。

　これらの手順を踏まえれば、社会生活を送る上で不可欠な運転免許をやすやすと取り上げられることはないはずです。

選挙権と欠格条項の関わりについて教えてください

佐藤彰一

選挙権は国民の基本的権利のひとつです（憲法 15 条）。また被選挙権（立候補する権利）も同じです。欠格条項の言葉の意味については別稿が予定されているので、ここでは選挙権（投票権）に限定して説明しましょう。

判断能力の有無は問われていない

選挙権はいまでは 18 歳以上の成人に等しく認められている権利ですが、ついこの前までは 20 歳以上の成人でした。このように国民の基本的権利だといいながらも、どの範囲で選挙権を認めるのか、そしてその根拠はなにかなどと考え出すと、なかなか回答が難しいところがあります。未成年に選挙権を認めないのは判断能力がないからだと説明してみたところで、では成年は選挙について判断能力があるのかと問われたら明確に答えられる人はいないでしょう。確かに 1 歳の赤ちゃんに投票能力があるかと問われれば多くの人は否定するでしょう。でも、それは「権利」の問題ではなくて、実際に「投票できるかどうか」の問題なのです。18 歳の人の投票権を肯定して 16 歳の人の投票権を否定する根拠はなんでしょうか。考え出すとよくわかりません。しかし成年の年齢を何歳にするかについてはバラつきがあるものの、未成年者と位置づけられた人については選挙権を否定するのが世界中の国で行われていることです。これは、その人自身の判断能力を審査しての話ではなくて、未成年なら一律に選挙権を否定する制度です。

ところで、そもそも誰に投票するのか、そのことに理由は不要です。投票用紙にいちいち理由を書いて投票する制度にはどこの国もなっていません。また、政治家の選挙演説を聞いて、何人の人が合理的な投票行動をしているのでしょうか。Aという政治家に投票した人はBという政治家に投票した人より理性的なのかそうでないのか、などという問いかけは、そもそもしないのが投票制度です。そういう意味では判断能力の有無は最初から問われていないのです。

一定のレッテルで選挙権から排除

　実際に投票に行かない人も少なからずいます。これが問題だと公式には言われていて、選挙のたびに「投票しましょう」とキャンペーンが張られます。外国では国民に罰則を科して投票を義務づけているところもあります（たとえばオーストラリア）。このように投票は権利であると同時に義務でもある、という考えは日本にもあります。しかし日本では投票を刑罰を伴う義務としているわけではありません。制度的には、あくまで「権利」だとの位置づけです。

　さて、未成年者には投票権が認められていませんが、少し前までは成年後見の利用者のうち後見類型の人たちにも投票権が認められていませんでした。これは明治期からの制度である禁治産制度を踏襲した取り扱いです。そもそもかつては女性というだけで選挙権が否定されていたのです。女性に選挙権が付与されたのは1945年のことです。

　このように、その人の判断能力がどうであれ、一定のレッテル（女性、未成年、禁治産者）に類別化された人を政治社会から排除する扱いが我が国だけでなく多くの国で行われてきました。いわゆる絶対的欠格条項と呼ばれるものです。

成年被後見人の選挙権否定に違憲判決

　成年後見について、それはおかしいだろう、と立ち上がった人た
ちがいます。国を相手に訴訟を提起したのです。今から10年ほど
前のことです。全国で4件の訴訟が提起されましたが、そのうちの
東京訴訟の原告となった女性は、成年後見を利用する前は普通に選
挙に行って投票を楽しみにしていたのに、後見利用ののちに投票所
入場券がこなくなって初めて自分が選挙権を失ったことを知りとて
もショックだったと述べています。後見人に選任された父親もその
ような制度になっていることを知らず、同様に驚いたと言います。
また、埼玉で原告となった女性は、ご自身が交通事故の被害者とな
り損害賠償訴訟を提起しようとしたところ、担当裁判官から後見制
度を利用しないと裁判を継続できないと言われ、やむなく代理人が
保佐類型の申し立てをしたところ、家庭裁判所が後見類型で審判を
出し、選挙権を失ったというものです。これは日本の裁判制度の矛
盾を明確に示した出来事です。交通事故の被害救済を求めたら選挙
権を失ったのです。今でも民事裁判制度のなかでは障害者は人間扱
いされていない側面がありますが、当時はそれがもっと鮮明に制度
化されていたわけです。

　そして、東京地裁が画期的な判決を出しました（2013年3月14
日）。成年被後見人の選挙権を否定していた公職選挙法の規定（11
条1項）を、はっきりと憲法違反で無効だと断言したのです。原告
弁護団の一人として法廷にいた私も体が震えるような感動を覚えた
ものです。「ひとりの人間として胸を張って生きていってください」
と言葉を付け加えた裁判長の発言は傍聴にきていた人たちすべてに
響き渡りました。

　この判決の後、国会が動きました。公職選挙法の規定を国会で改
正して削除したのです。超党派の動きでした。これで成年被後見人

の選挙権は立法的に回復されたわけです。

　ところが政府の動きは奇妙でした。東京地裁の判決に国は控訴を提起していたのですが、削除前の公職選挙法の規定は憲法違反ではなかったという主張を繰り返すかたわら、すでに法律改正が行われたのだから原告の訴訟は審理する意味がなく（法律上の言葉では訴えの利益がないといいます）却下されるべきだと言ってきたのです。国側が憲法違反でなかったと主張を維持している以上は審理する意味があると私たちは主張したのですが、すでに法律改正が行われている段階で訴訟を維持することの費用面や心理的な負担などを考慮し、原告側の選挙権を確認し、訴訟を終了させる旨の和解を成立させました。2013年7月17日のことです。さいたま地裁、京都地裁、札幌地裁で並行して審理されていた同種の訴訟についても、同様の和解が成立することになり、成年被後見人の選挙権をめぐる一連の訴訟は終結しました。

投票できる制度への工夫

　今、選挙権をめぐる議論は合理的配慮に移行しています。なんのことかといえば、能力がないから投票させないという話ではなくて、どうすれば投票してもらえるのか、その工夫をしようという話に移行しているのです。期日前投票がありますよね。特定の日に特定の場所で投票しなさいと言われれば不便であると今は誰でも思っています。そこでこの制度を利用している人は多くいます。

　今の時代、外国に住んでいる日本人はたくさんいます。その人たちは投票ができないのでしょうか。この問題については最高裁がすでに投票権を確保すべきだとの判断を示しています。これは国政レベルの判断ですが、地方選挙レベルではどうでしょうか。国外に住んでいる人は、住民票をすでに失っていますので、ちょっと難しいでしょうね。

　施設投票、代理投票という制度があります。障害のある方や高齢者の方にとってはこれは必須の制度です。

●施設投票

　施設で暮らしておられて投票所に行くことができない方のために施設の管理者が責任を持って利用者の方々に投票をしていただく、これが施設投票で不在者投票と呼ばれています。ところが国政選挙が行われるたびに、あちこちで選挙管理者である施設長が不正を行ったという報道がでます。ご本人の意向を確認せずに施設長の意向で投票したい人に投票したという理由です。選挙管理委員会の職員が派遣されて管理をしていてもそんな事態が生じています。これは、ご本人の意向をどう確認するかという問題です。障害のある方も高齢者の方も、そのそれぞれの意思の表示があります。その方法はさまざまです。それを警察と選挙管理委員会が、一人ひとりについて確認、共有する必要があるでしょう。それができないと言って逮捕するのはどうかと思います。ただ人口が5000人ぐらいの自治体で100人の入所者の投票を施設長が勝手に自分の思い通りに行う事態があれば、これは確かに問題でしょう。基本はご本人の意思をどう確認しているかです。

●代理投票

　代理投票は、投票所で自分の投票用紙に候補者の名前を書けない人に代わって別の人が名前を書く制度です。現在では投票所の管理者が代わって記入することになっています。これもご本人の意思を確認することが基本になりますが、1）どうやって確認するのか、2）誰が確認するのか、この2つが問題になります。

　実は、成年後見制度の選挙権訴訟の問題が提起される前は、このところはあいまいだったのですが、欠格条項が削除されたあとは明

確に代理できるのは投票所の管理者だけであるとなっています（公職選挙法48条）。つまり、障害者であれ高齢者であれ投票所で代理投票を依頼する際には管理責任者（つまり見ず知らずの公務員）に自分が誰に投票するのか伝えなければならないことになっているのです。それまで自分が選んだ代理者に投票してもらっていた人が管理責任者に伝えることを拒否したところ、投票を否定されたという事態が生じていて裁判になっています。これも基本は意思確認です。誰が意思確認をするのかという問題は難しいのですが、私は、その人が、この人に委ねたという意思確認ができれば、それでよいのではないかと思っています。

　基本は、どうすれば投票してもらえるか、どうすればご本人の意思を確認できるか、その工夫をすることです。不正行為は確かに防がなければなりません。しかし、そのことを理由にして投票を排除する（相対的欠格条項といわれます）のは簡単なことですが、それは障害者や高齢者の基本的人権をないがしろにすることなのです。国も当然ですが、私たち国民一人ひとりが、この問題を認識し投票できる制度を工夫する努力をしていく必要があります。

Q8

部屋を借りるとき、どんな問題がありますか？

瀬山紀子

　みなさんは、将来、どんな暮らしをしていこうと思っていますか。どこで、誰と、どんな暮らしをしている自分が想像できますか。どんな仕事に就きたいと思っていますか。誰かと、将来のことについて話をしたり、誰かに、将来について相談したりしていますか。

　どんな暮らしをしていくにしても、まず、自分の暮らしのベースとなる住まいを決めることはとても大切です。ここでは、今暮らしている実家や施設などを出て、一人暮らしをスタートさせることから考えていくことにしましょう。

部屋探しを始めるとき、まず必要なのは何ですか？

　部屋を探すにあたっては、まず、自分の暮らしのイメージを具体的に思い浮かべ、どこに住むか、大まかな範囲を決めることがスタートになると思います。

　そのとき、働いているとすれば、仕事場からの距離も重要な決め手です。介助派遣などを受けて暮らしているとすれば、そうした関係団体からの距離もポイントになると思います。

　そして、家賃、部屋の広さ、部屋数、日当たりなど、借りたい部屋のイメージを具体的に描き出し、実際に借りることができる部屋を探していくことになります。

　初めての一人暮らしであれば、身近に相談できる人に相談をしたり、すでに一人暮らしをしている人に部屋を見せてもらったりすると、より具体的にイメージを持つことができると思います。

部屋探しは、本当は、あれこれの情報を見たり、話を聞いたり、あちこちの部屋を見て回ったりしながら、新しい生活へのわくわくした思いが湧いてくるような経験のはずです。でも、残念ながら、そうしたわくわくした思いが、打ち砕かれてしまうような、つらい経験も多いのが現状です。

部屋を借りる際にどんなことが問題になるのでしょうか？

　もちろん、まずは家賃の支払いができることは重要です。給与や年金、手当、また、生活保護なども含めた収入との兼ね合いで、家賃はいくらくらい払えるかを決めていきます。契約の際に必要な保証人をどうするかも問題になります。家族や親族、または、支援団体の人と相談できるとよいと思います。そして、実際に部屋を借りる場合は、その部屋の大家さんとの関係も、その後の暮らしに関わる重要なポイントです。

　ただ、残念なことに、住まい探しには、不動産業者や家を貸す側による差別の問題が大きく関わってくるのが実情です。

　過去には、入居者募集の広告に、「障害者お断り」という文が掲載されていた例や、障害があると火事を起こす可能性があると部屋の仲介をしてもらえなかった例、部屋を見せてもらいたくても車いすではダメだと最初から断られた例、契約が成立した後に、障害を理由に契約が破棄された例、また、入居後に障害を理由に退去が求められた例など、多くの問題が起きてきたのです。

　現在では、障害者差別解消法ができ、国や民間の事業者も、こうした差別をなくしていこうと取り組みを進めています。

　住まい探しは、暮らしの基本になるとても重要なことがらです。その大切な一歩が、差別によって踏み出せないような状況を変えていく必要があります。

民間のアパート以外にも選択肢はありますか？

民間のアパート以外の選択肢として、それぞれの県や市、町など
が建てている公営住宅を探してみるのもひとつの方法です。一般に、
公営住宅は民間アパートに比べると家賃が安いという利点がありま
す。ただ残念ながら、公営住宅は、たくさんは建てられておらず、と
くに一人暮らし用の住宅はとても少ないのが現状です。

公営住宅というのはどういうものでしょうか？

公営住宅は、もともと、第二次世界大戦後まもない 1950 年に、
低い所得の世帯の人たちを対象に、そうした人たちが、健康で文化
的な生活をするために必要なものとしてつくられました。

そして、とくに、障害をもつ人がいる世帯を対象にした優先入居
の制度がはじまったのが 1967 年です。また、1970 年に制定され
た心身障害者対策基本法には、国や地方自治体を対象にした障害者
のための住宅の確保と、整備に関する努力規定が示されました。そ
して、1980 年に公営住宅法が改正され、それまで原則として世帯
単位での入居に限定されてきた公営住宅に、高齢者や障害者などを
対象とした単身入居枠ができたというのが大きな流れです。

公営住宅で一人暮らしができるのですね

ただ、公営住宅の単身入居の枠は、当初、「介護を必要としない
人」に限定されていて、介護（介助）を受けながら生活をする障害
がある人の入居は認められていませんでした。民間のアパート探し
も困難ななか、公営住宅に望みをかけたところ、介助者を使って生
活する障害がある人は申請もできないか、却下されることがありま
した。加えて、知的障害、精神障害の人は単身入居の枠自体がない、
そんな状況だったのです。

そうした状況が変わったのは、2000 年になってからです。まず変わったのは、「介護」に関するルールです。

2000 年になり、ようやく、国の「公営住宅法施行令」に、介護が必要な人も、必要な介護（介助）を得られるならば、公営住宅の単身用に入居できることが明記されました。介護（介助）を得られるならば、という書き方にも問題がありますが、それでも、介助が必要な人は入れないとしてきたところからは一歩前進しました。ただ、この時もまだ、知的障害、精神障害がある人の一人暮らしは想定外でした。その後、当事者団体などが国に対する働きかけを続けた結果、2006 年に、知的障害、精神障害がある人の単身入居が認められるようになったのです。

ただ、2011 年、公営住宅は国から自治体へ移管されました。入居基準も地域の実情に応じた対応が必要だとして、国による全国一律の基準から、自治体ごとに基準を定めるように法律が改められました。その後、たとえば身辺自立を基準とするなど、国が定めていた基準からさえ後退した基準を設ける自治体もみられるのが実情です。

公営住宅での一人暮らしはそうして実現してきたのですね

2002 年に当事者団体が国に対して出した要望書をご紹介します。こうした声は今に続く声だと思います。

「知的障害・精神障害がある人は公営住宅に『単身入居』することがなんでだめなのか。アパートは借りにいくとき不動産屋にいってみつけてもらっているけど、家賃がたかい。ふつうのアパートは家賃がたかいだけでなく、大家さんの好ききらいでかしてくれなかったりする。ほかにも、大家さんから、ほかの人がさわいでいるのに自分のせいにされることがあります。知的障害・精神障害がある人は少ないお金でやっている人も多いのでアパートのお金がたかいと

ほかのものにえいきょうがあるのでこまります。公営住宅にはいればくらしがよくなるとおもいます。公営住宅から率先して、自立したい人に開放するべきだ」（2002年9月18日「公営住宅の単身入居を求める要望書」障害者欠格条項をなくす会他6団体提出）

自分の住まいを持つことはとても大切な一歩ですね

　日本では、人々の暮らしを支える住宅を国や地方自治体が積極的につくり、提供していくという政策はとられてきませんでした。

　そのため、せっかく介助をいれた生活をしている障害のある人や知的障害のある人、精神障害のある人の単身入居が可能となってきた公営住宅は、今もその数がとても少なく、多くの人たちが選べる現実的な選択肢にはなっていません。

　本来はアパートが借りにくい人などが暮らしの質を確保するためにあるはずの公営住宅という選択肢がもっと広がることが必要だと思います。

　加えて、2016年には障害者差別解消法が施行され、2021年5月には、障害者への合理的配慮の提供を民間の事業者にも義務づける障害者差別解消法の改正法が成立しています。この法律を力に、障害のある人が差別にあうことなく住まい探しを進めていける世の中をつくっていく必要があります。

　新しい生活の拠点となる住まい探しが差別や偏見で台なしにされてしまう経験は、あってはならないことです。新しい生活をわくわくした気持ちでスタートさせられる社会であってほしいと願います。

入居を拒まれて

大阪精神障害者連絡会／統合失調症・摂食障害　**たにぐちまゆ**

　私は中学生で発病し、親元での暮らしと2年の施設入所を経て、30代で一人暮らしを始めた精神障害者です。

　数年前、将来的な結婚を見据えた、新居探しをしていた時のことです。私は、自分から進んで障害者であることを話したいとは思いませんでしたが、不動産屋で収入源の話になり、生活保護を受けていることを話さなくてはならなくなりました。さらに原因を執拗に聞かれ、精神の病気を持っていることも話さなくてはならなくなりました。

　その時はいったん契約段階まで進み、印鑑を押したり、保証人からの印鑑をもらったりといったことも済ませました。とても気に入っていた物件で、うきうきしていました。これから始まる新しい生活に思いをめぐらせ、甘く楽しいことばかり頭に浮かんでは、ふわふわしていたのです。

　ある朝、幸せな時間は終わりました。不動産屋から突然電話があり、大家から突然契約を破棄されたと言われたのです。病気のことで暴れるとか騒ぐとか言われ、私は暴れたことも騒いだこともないと言ったのですが、通用しませんでした。もちろん、どういった人であれ入居を断ることは許されるものではありませんが、私は、どうしてこんな目に遭うのかわからず、悔しくてシャワーを浴びながら嗚咽しました。こんなことが起こらないように精神障害の啓発のための活動も続けていたのに、どうして……と。

　すでに引っ越し業者の手配も済んで、当時暮らしていた家も引き払う手続きも済ませていました。しかし、覆すことはできませんでした。期日がくれば出ていかなければならず、そのままでは住むところがなくなってしまいます。急いで家を探して、また別の家にからくも入居す

ることができましたが、あまりにも急いでいたので、選ぶ余地もなく住環境の整わない家に引っ越すことになってしまいました。不備がたくさんあり、結局長く住みつづけることはできず、また引っ越しを重ねることになりました。しかし、生活保護を受けている身では何度も引っ越しを許可してもらえず、自己都合ということで、その次の引っ越しは自費で行わなければなりませんでした。多額の負担がのしかかりましたが、私にとっては必要不可欠なことであり、苦しかったですが、がんばるしかありませんでした。この引っ越しの際は、自分の病気や障害のことをほとんど言わずに契約しました。いえ、口にできなかったと言ったほうが正しかったのかもしれません。それだけ、入居拒否が痛手であったのだろうと思います。

　この入居拒否が心に与えたダメージは大きく、今も癒えることがありません。障害者は地域で生きていく権利すらないのだろうかと思わされたできごとでした。黙っていれば入居できたのに、と多くの人に言われましたが、私は、隠して生きることは嫌でした。障害があることは、何もおかしなことではないはずです。隠して生きなければならないことこそ、大きな問題です。

　家を借りることに限らず、身の回り全般について言えることですが、障害を持っているということだけで、このような差別をされることは決してあってはならないことだと思います。おかしなことはおかしいと言える世の中であってほしいと思いますし、そうなるようにこれからも働きかけつづけていきたいです。

71

私と住まい

こらーるたいとうメンバー／統合失調症　フラワー

　これまで私はさまざまな仕事に従事してきました。ある時はガソリンスタンドで、またある時は化粧品メーカーの工場で、その他ホテル、ファミレス、結婚式場など接待業もしてきました。加えて父がとび職ということもあり、鉄筋を運んだり、いくつかの部材を針金でまとめたりと、父の手伝いをしていた時期もあります。仕事が長続きしないというよりは、人よりもいろんなことに興味を覚える性格なのかなと思っています。

　仕事をこなす一方で、体調を崩し、心療内科に通いはじめるようになりました。父の死後、しばらく母と二人暮らしをしましたが、母も80代になる頃に亡くなりました。その後、姉の家に身を寄せ、一緒に暮らしていたのですが、諸事情でその家も出ていかなくてはならなくなりました。これが一人暮らしを始めたきっかけです。

　最初の家には10年以上住みました。新生活を始めた当初は順調だったのですが、途中から崩れはじめました。まず部屋の電灯が気になるようになりました。当時、その部屋の電灯はつけたり消したりするたびに「カチャ」と音がするものでした。音を立てるたびに、私の部屋の隣人が話しかけてくる声が聞こえてくるようになったのです。そこで音が鳴らないタイプの明かりに変えてもらいました。たちまち声は聞こえなくなりました。ただ今度は料理をしている時に壁の向こう側から母親と子どもが会話する声が聞こえてくるようになりました。これらは幻聴だったようですが、私は精神的にしんどくなってしまいました。

　今年別の住居に引っ越しをしました。新しい家は前より広く、布団を干すことができるベランダもあります。部屋の壁は厚いため、声が聞こえる心配もありません。また大家さんはとても感じの良い方で、事ある

ごとに差し入れやお裾分けをしてくださいます。この前も袋麺をいただきました。

　ただ大家さんは私が精神障がい者であることを知りません。可能なら知られたくないです。理由は、一般的に精神障がい者は「何をしでかすかわからない人たち」といったイメージを持たれているのではないかと不安だからです。そのため自分からは言いたくありません。

　今回の引っ越しはとてもスムーズに進みました。物件も比較的早くに見つけることができました。前の物件では、大きなトラブルを起こすわけでもなく、平穏に住んでいました。今回も前と同じ不動産会社にお願いしたのですが、前の物件での暮らしぶりを評価された部分もあるのかなと思います。だからこそすぐに次を見つけることができたのかなと思います。

　私は今、安心してお料理ができるようになりました。サバの味噌煮や炊き込みご飯、スパゲッティサラダ等々。明日は何を作ろうか。とても楽しみです。

国連・障害者権利委員会は、欠格条項についてどんな勧告をしましたか？

佐藤久夫

障害者権利条約の成立

　2006年12月、国連総会は障害者権利条約（以下「条約」）を採択しました。5年間で8回、合計103日間、世界の政府と障害者団体が準備した成果です。しかしそこには長い道のりがありました。

　1948年の世界人権宣言では、「障害」という言葉は社会的保障をとり上げた第25条でのみ使われました。障害者は保護の対象と考えられ、プライバシーもない大規模施設がつくられました。30年以上経た1981年の国際障害者年では、「完全参加と平等」がスローガンとなりました。社会はバリア（障壁）に気づき、障害者の問題・困難の原因は「障害と障壁の相互作用」とされました。さらに四半世紀後の「条約」でようやく、「人間の多様性の一部および人類の一員としての障害者の受入れ」という原則が掲げられ、人権は機能障害の不在を要件としない、問題の原因は障壁にあるとされました。障害の社会モデル・人権モデルの確立です。

国内法の整備と条約の批准

　2010年、この「条約」に国内法を整合させるための「障がい者制度改革推進会議」が設けられ、障害当事者参加の下でいくつかの法制度の見直しがなされました。それは2013年の障害者差別解消法の制定、2011年の障害者基本法改正による障害者の定義への「社会的障壁」要素の組み込みや難病に伴う障害者の対象化、政策監

視機能を持つ当事者参加の委員会の創設（国および自治体）、そして2012年の障害者総合支援法の制定（障害者自立支援法の改正）による一部の難病患者への障害福祉サービスの提供や、「どこで誰と生活するかについての選択の機会の確保」などの理念規定の導入です。

　こうして見直しがある程度進んだことから、2014年、政府は国会の承認を経て「条約」を批准しました。以後、国内法となった「条約」を遵守し実行する段階、そして実行を国連（障害者権利委員会）に報告して審査・勧告を受ける段階になりました。

欠格条項問題――JDFから国連への提起と総括所見

　日本の主要な障害者団体が参加するJDF（日本障害フォーラム）では、この審査に障害者の視点を反映させるべく、審査機関である国連障害者権利委員会に、3回にわたって意見（パラレルレポート）を提出しました。2019年の第1弾では、2018年に成立した成年後見制度に関わる欠格条項を一括して見直す法律について、「……成年後見欠格条項を削除する184本の法律のうち『心身の故障』欠格を設けない法律が19本（10％）のみであり、『心身の故障』欠格を新設・追加するもの124本（68％）、従前からの『心身の故障』欠格を存続するもの41本（22％）となっている」とし、「……個別の資格等については合理的配慮の提供を含めた具体的な能力の審査による資格等の認定方式に完全に修正すべきである」と提言しました。障害者欠格条項をなくす会の調査と意見が参考にされました。

　またJDFパラレルレポート第2弾（2021年3月）でも、権利委員会が「法律及び政省令を総合的に見直して障害を理由とする欠格条項を削除し、個別の資格等については合理的配慮の提供を含めた具体的な能力の審査による資格等の認定方式とすることを勧告する」と、日本に求めるよう提案しました。

　これは権利委員会に伝わり、2022年9月9日に発表された総括

所見では、「『精神錯乱』、『心神喪失』などの軽蔑的な用語、および『心身の故障』に基づく欠格条項などの差別的な法的制限」を懸念事項とし（7c）、「国内法および自治体法において、軽蔑的な言葉や『心身の故障』に基づく欠格条項などの法的制限を撤廃すること」を勧告しました（8c）。

総括所見から見た諸外国の状況

「条約」はすでに世界のほとんどすべての国が加盟し（2022年9月現在、EUを含め185カ国）、加盟国は定期的にその実施状況を報告する義務を負い、障害者団体なども意見（パラレルレポート）を提出でき、国連（障害者権利委員会）はそれらの文書と対面の審査を経て総括所見（勧告）を各国に発行します。これらの国・障害者団体等・権利委員会などの「条約」審査関連のすべての文書は権利委員会のサイトで公表されています（ほとんどは英語、いくつかはその他の国連公用語）。権利委員会のサイトは https://www.ohchr.org/en/treaty-bodies/crpd、その一部を日本語で https://www.jdnet.gr.jp/report/17_02/170215.html#3 で紹介しています。

●明示的に欠格条項の廃止を勧告された国

イギリスへの総括所見（2017年）では、「障害者を差別する既存の法律、規制、慣行」の見直しが勧告されました。

イタリアへの総括所見（2016年）では、障害を理由に特定の専門職に就くことを制限するあらゆる法律の廃止が勧告されました。

ポルトガルへの総括所見（2016年）では、特定の障害について大学の学位や専門資格が制限されていることが指摘され、やめるよう勧告されました。

ヨルダンへの総括所見（2017年）では、労働法や公務員規則で特定の機能障害のある人の採用を妨げているとし、「『医学的適正』概

念をやめ、真の職務上の要求に照らして適格性を判断する」ための
法改正を勧告しました。

　韓国への初回の総括所見（2014年）では、「精神的能力」を欠く
との理由で生命保険契約を拒否できるとする商法第732条の廃止
が求められました。ほかの欠格条項には触れませんでした。

　韓国政府は、第2・3回（合併）報告（2019年）のなかで、商法
第732条は精神障害者を差別するものではなく、逆に、保険殺人な
どの犯罪から守るものだと説明しました。とはいえ、精神障害者の
加入を全面的に禁止していた規定を改め、意思決定能力のある人の
加入は認めるようにしたとのこと。絶対欠格を相対欠格に改正した
ようです。しかし2回目の総括所見（2022年9月）でも商法第732
条の廃止が求められました。

　その他の欠格条項については、すでに初回審査時のパラレルレ
ポートで、検察官、弁護士、各種医療関係資格、美容師、料理人、栄
養士などの欠格条項が問題とされていました。韓国の第2・3回報
告に先立つ事前質問事項（2018年）で、権利委員会は、「知的障害、
精神障害のある人の労働市場への参加を排除または制限する差別的
な法律を廃止する」ためにとった措置は何か質問しました。これへ
の政府の回答では、「韓国政府は、……精神障害者が不当な理由で証
明書や免許を取得する機会を拒否されないようにすることを決意し
ている。とはいえ、……欠格事由が適切かどうかは、慎重に検討し
なければならない。各部（省庁）が多様な免許を担当しており、各
免許の要件に応じて欠格事由が変わりうるからである」との回答に
とどまりました。

　2022年9月の2回目の総括所見では、「労働市場への参加を排
除・制限するすべての法制度の廃止」が勧告されました。

●一部の特定分野について勧告を受けた国

　オーストラリアでは、2013年の初回総括所見で、医療などの費用がとくに大きくかかる外国人障害者の入国を拒否する入管法の規定が問題とされ、この改正が勧告されました。それ以外の点ではパラレルレポートも総括所見もとくに欠格条項は問題にはしませんでした。これは2019年の第2回の審査でも同様でした。

　この背景には1992年の障害者差別禁止法第19条で、職業関連の資格認定に際して障害を理由とする差別を禁止していることがありそうです。ただし特定の業務の「固有の要件」を、たとえ合理的配慮を行っても満たすことができない場合は、資格を与えなくてもよい、としています。欠格条項に関する日本の障害者団体の要求事項がすでに法律で書かれているといえます。

　スウェーデンへの総括所見（2014年）では、国際養子縁組で、里子の出身国が障害のある里親には里子に出さないと要求した場合には、スウェーデンの社会サービス機関はその縁組を認めないことができるとしていることを懸念し、その廃止を勧告しました。

　フィリピンへの総括所見（2018年）では、知的障害者や精神障害者の投票権と立候補権を妨げる差別的規定の廃止が勧告されました。

　トルコへの総括所見（2018年）では、障害者を裁判官・検察官・知事・外交官にしないという登用制度の廃止が勧告されました。

　上記はおもに総括所見を基にした「概観」ですので、今後より詳しいデータの収集と分析が期待されます。

韓国の欠格条項と国連障害者権利委員会の総括所見

DPI 日本会議議長補佐 崔 栄繁

　現在、韓国では 28 の法律に、精神障害者の資格・免許の取得を制限する欠格条項があります。産後養生施設の運営および水難救助士を含む 6 つの資格・免許の取得は基本的に禁止されており、栄養士および社会福祉士を含む 18 の資格・免許の取得は、医師の診断などにより業務を遂行することに支障がないと認められる場合にかぎり、例外的に認められます。残りの 4 つの証明書は、医師の診断によって制限されることがあります。前項にある通り、商法 732 条は相対的欠格への改正にとどめられました。

　欠格条項に阻まれた障害者たちの声や取り組みを背景に、2018 年 4 月、韓国の国家人権委員会は、このような欠格条項の廃止と緩和を政府に勧告しましたが、精神障害者の定義が縮小された程度で、勧告の内容がきちんと受容されませんでした。

　2022 年 8 月、国連障害者権利委員会と韓国政府との 2 回目の建設的対話（審査）がコロナの影響で 2 年遅れで行われ、9 月 9 日、韓国政府に対する総括所見が公開されました。欠格条項に関しては、韓国への総括所見のパラグラフ 52 の（a）で、「開かれた労働市場への障害者の参加を除外または制限するすべての差別的な法律を廃止し（以下省略）」という勧告が出されました。韓国政府は 2014 年に出された最初の総括所見を尊重しながら、障害者差別禁止法の改正などさまざまな取り組みを行ってきました。障害者権利委員会からの勧告をきちんと受け入れて廃止に向けて取り組まれることを期待したいと思います。

海外の例に学ぶ

瀬戸山陽子

　障害のある学生が学んで資格を得て働くことについては、海外にも
参考になる例があります。

　法律や障害の定義、文化が違うので単純に当てはめることはできま
せんが、たとえばアメリカでは、カリフォルニア大学サンフランシスコ
校を中心に、障害のある医療者／医療系学生を支援する "Docs with
Disability Initiative" という大きなプロジェクトが立ち上がっていま
す。本格的に始動したのは 2022 年 7 月ですが、それまでも多くの調
査を行っており、障害のある医療者 47 名の体験談が公開されていま
す。また 2001 年から障害のある看護師を支援してきた "Exceptional
Nurse" という NPO 団体でも、多くの事例が公表されてきました。な
かには、サービスドッグ（盲導犬）を連れて仕事をする視覚障害の看護
師や、ディスレクシア（書字障害）の看護師の事例が紹介されています。
英語の Exceptional とは「格別な」という意味です。

　イギリスでも、医学部を監査する機関が、障害者差別の禁止を定めた
平等法を守ることと医学教育の水準を維持することを、どのように両
立するかを示した医学部向けのガイドを公表してきました。オースト
ラリアとニュージーランドにも、似たようなガイドがあります。

I am a nurse: Color me Exceptional!

Created by Donna Maheady, EdD, APRN Founder of www.ExceptionalNurse.com
Illustrations by Sue Nuenke and Tom Gili

Exceptional Nurse が発行するチャリティグッズの塗り絵。障害のあるさまざまな看護師が描かれている

すべての人の夢がかなう社会に

DPI 日本会議／聴覚障害　**伊藤芳浩**

　「社会参画における差別や不平等をなくしましょう」。これは、SDGsの目標 10 で宣言されているものです。しかし、この本に書かれているように、実際は、社会参画において国の法律や制度自体が障壁となっています。

　私自身、家に置かれていた『家庭の医学』という分厚い本をきっかけに医者になりたかったものの、目が見えない人、耳が聞こえない人などは医師になれないという医師法における欠格条項によって、断念したという苦い経験があります。そこで、なるべく近い分野として、バイオ系の分野に進もうと思ったものの、そこでも実験が危険であるなどの理由で、受験を拒否されました。結局、物理学科を受験することになり、そのなかで生物物理という分野を専攻しました。元々の夢からは遠い分野になってしまったのは本意でなく、大変遺憾に思っています。当時の医師法の欠格条項は削除されましたが、社会にはまだまだ解決しなくてはならない課題が残っています。欠格条項だけでなく、雇用における差別や職場での合理的配慮が不十分であるといったことなどです。

　私は今、SDGs の理念に基づいて、次世代の障害をもつ子どもたちが自分のやりたい仕事に就けて、また、十分に能力を発揮できるような労働環境をつくるための活動をしています。社会に存在する壁によって、一人の人間が夢を諦めるようなことは絶対あってはなりません。障害があっても、自分の夢をかなえて生き生きと暮らすことができるような社会にしていきたいです。

　社会にあるルールなどの壁が一人の夢を壊すことがないかどうかを問うことが大事なのではないでしょうか。もし、壁があるようなら、どうやって壁を取り除くことができるのかを共に考えていきましょう。

欠格条項はどのようにして
つくられてきたのですか？

臼井久実子

初期の欠格条項から1945年まで

府県会規則（1878〈明治11〉年布告）

「府県の議員タルコトヲ得ス（府県の議員になることができない）瘋癲白痴ノ者（精神障害者、知的障害者など）」と規定しています。

　この条文は初期の典型的な欠格条項です。「瘋癲白痴」は非常に強い蔑視を表す言葉で、後述の「不具・廃疾」もそうですが、今では通常は使用されません。障害者への見方が言葉にも示されています。なお、府県会規則の制定時に被選挙権があったのは、25歳以上の男性で土地税を納めているなどの条件を満たす人だけでした。

禁治産・準禁治産制度（1896〈明治29〉年）

　旧民法の禁治産・準禁治産制度は、今の言葉で言うならば精神障害や知的障害や認知症などによって判断能力が不十分な人を、行為能力がないものとみなして、財産管理などの私権の行使を禁止する考え方でつくられました。

　ここでは旧民法の準禁治産者について引用します。「心身耗弱者、聾者、啞者、盲者及ヒ浪費者ハ準禁治産者トシテ之ニ保佐人ヲ附スルコトヲ得（精神の機能の障害があり判断能力に困難がある者、耳が聞こえない者、口がきけない者、目が見えない者および浪費者は、準禁治産者として保佐人をつけることができる）」

　本人の親族などの請求を受けた家庭裁判所が、保佐の開始を宣告

し、宣告を受けた本人は、たとえば保佐人の了解なしに遺産分割協議に加わることができず、「無能力者」という烙印をおす禁治産・準禁治産制度の存在が、社会の差別・偏見をさらに強めました。この条文のうち「聾者、啞者、盲者」は、1979年に削除されました。

　なお、他の法律にも似た記述があり、公務員法にあたる文官分限令（1899年制定）は「不具・廃疾または身体・精神の衰弱により職務に堪えられないとき」免職することがあるとしていました。戦前の旧医師法（1906年制定）は「聾者、啞者及び盲者」に免許を与えない欠格条項を設けました。自動車取締令（1919年制定）は「精神病者、聾者、啞者又は盲者」に運転免許を与えないと定めました。

第二次世界大戦後から1980年代まで

　戦前の欠格条項は、戦後あらためて制定された各法律にも引き継がれました。日本国憲法の制定によって、基本的人権と法の下の平等、個人としての尊重と幸福追求権、生存権を基礎としたにもかかわらず、障害や疾患があれば権利制限は当然という見方には変わりがなかったと言えるでしょう。障害者を権利行使の主体として認めることはなく、法律が差別・偏見を強化するという悪循環のなかで、障害の有無で分け隔てて施設などに隔離収容することが進みました。欠格条項のように除外する、あるいは庇護の対象にする内容で、政策が確立されてきました。

医師法（1948年）

　「未成年者、禁治産者、準禁治産者、つんぼ、おし又は盲の者には、免許を与えない」「精神病者又は麻薬若しくは大麻の中毒者」には「免許を与えないことがある」

　医師法をモデルに、後からできた医療分野などの法律に、同様の欠格条項が設けられていきました。「つんぼ、おし又は盲の者」とい

う言葉は、1981 年の国際障害者年にいたるまで使われていました。

優生保護法（1948 年）

「優生上の見地から不良な子孫の出生を防止するとともに、母性の生命・健康を保護することを目的とする」

この目的のもとで、障害のある人に対して、本人の同意がなくても、だまして病院に連れてくるなどの手段をとってでも、中絶や不妊手術を強制できる条文がありました。これが官民ぐるみで推進され、兵庫県などは「不幸な子どもの生まれない運動」というキャンペーンを展開しました。全国で不妊手術を受けさせられた約 1 万 6,500 人の障害者の 7 割は女性でした。優生保護法は 1996 年に「不良な子孫の出生を防止」を削除して母体保護法となりましたが、社会に及ぼした影響はきわめて大きく、その後も手術をされた人がいます。2018 年から被害者が全国各地で提訴しており、2022 年に大阪と東京の高裁は違憲として国に賠償を命じました。

国レベルでも課題となった 1990 年代

2001 年前後の民間の取り組みや国、自治体の動きについては次項で述べますが、その土台になったのは、心身障害者対策基本法（1970 年）を全面改正してできた障害者基本法（1993 年）でした。「障害者の自立と社会、経済、文化その他あらゆる分野の活動への参加を促進すること」を目的に、障害の定義に身体、知的、精神の 3 障害が含まれました。この改正の過程で、障害者団体などは「権利」を明記する法律案を提起し、政府や地方自治体に働きかけました。障害の違いをこえて協力しながら検討したことが、その後の団体の枠をこえた連帯を強めたと言えます。差別の禁止と権利については「何人も、障害者に対して、障害を理由として、差別することその他の権利利益を侵害する行為をしてはならない」という条文が、

2004年の法改正でようやく明記されました。

　そして、障害者基本法に基づいて、1993年から10カ年の「障害者対策に関する新長期計画（略称・新長期計画）」がスタートしました。新長期計画は、障害者を取り巻く社会環境にある「4つの障壁」の除去にむけて各種施策を計画的に推進するとしました。

　この「4つの障壁」という考え方は、現在の障害者基本法、障害者差別解消法にも受け継がれています。

1　交通機関、建築物等における物理的な障壁

2　資格制限等による制度的な障壁

3　点字や手話サービスの欠如による文化・情報面の障壁

4　障害者を庇護されるべき存在と捉える等の意識上の障壁

　新長期計画は、4つの障壁のひとつ「資格制限等による制度的な障壁」を除去するために、「障害を理由とする各種の資格制限が障害者の社会参加を不当に阻む障害要因とならないよう、必要な見直しについての検討を行う」ことを掲げました。しかし、そのための作業は、政府においては進みませんでした。

　「新長期計画」から5年の節目にあたる1998年3月の国会で、この点を議員が指摘しました。内閣官房長官は「障害者の社会への完全参加と平等をはかっていく上で、欠格事由の見直しを進めることは非常に重要なことと認識をいたしております。政府としては、このような認識に立って、新長期計画の期間内のできるだけ早い時期に見直しについての検討を終了できるように努めたい、こういうふうに思っているところであります」と答弁しました。

　そして、中央障害者施策推進協議会（現在の内閣府障害者政策委員会）が検討や把握を始めた時期と、新設の法律に古い欠格条項を入れないことを求める動きや民間の法令調査と公表が重なりました。そこに、欠格条項によって阻まれた人が声をあげて発言を続けたこ

とで、欠格条項見直しの気運が高まりました。当時の中央障害者施策推進協議会には、盲ろうの障害のある委員としては初めて福島智さんが就任し、自らの体験をふまえて発言しました。

禁治産・準禁治産制度は、制度の差別性にくわえて、人口構成の高齢化も背景に、取引や福祉サービスなどの契約や財産管理が困難な人が利用するにはハードルが高いことが指摘されてきました。1999 年の民法改正によって、禁治産者は成年被後見人に、準禁治産者は被保佐人に改められて成年後見制度となりました。しかし同時に、それまで禁治産者・準禁治産者等に対する欠格条項を定めていた法律のうち 98 の法律は、言葉を成年被後見人、被保佐人等に置き換えた欠格条項を設けました。設けなかった法律のほとんどは「心身の故障」「精神病者」などに対する欠格条項を残しました。欠格条項を全廃したのは、検察審査会法と非訟事件手続法だけでした。

今、法務省の成年後見制度のポスターには「判断能力が不十分な方々を保護・支援する制度です」と掲げられています。保護の例としては、本人が不利な契約を結んでも解約できるといったことが挙げられています。禁治産・準禁治産制度だった当時から、このような説明がされてきました。しかし、障害者権利条約は「判断能力が不十分な人」という見方に立たず、誰もが法的能力を有することを基礎に、自己決定に必要な支援を十分に得られる法制度の確立を求めています。成年後見制度（代理後見制度）が対象者を「判断能力が不十分な人」と見なして保護の対象と扱い、意思決定を代替するゆえに人権を制限していると捉えられているからです。

国連の障害者権利委員会は 2022 年に、成年後見制度をはじめとする「代替的な意思決定体制の廃止を視野に入れ、すべての差別的な法規定と政策を廃止し、すべての障害者が法の下で平等に認められる権利を保障するために市民法を改正すること」を日本に勧告しました。これからの国内の取り組みがいっそう重要と言えます。

欠格条項に対して
どんな取り組みがされてきましたか？

臼井久実子

民間の取り組み

1980 年代にかけて

運転免許を求めて 「ろうあ者にも運転免許を！」と自動車で全国一周するキャンペーンが、1954 年に、聴覚障害者の手で始まりました。当時は一般の会社や官公庁が障害者を採用することはまれでした。自営業で生きていくにも、運転免許を持てるかどうかは死活問題でした。1960 年代から各地で、全身性障害、聴覚障害、知的障害、てんかんなどのある人が、免許の不交付や取り消しの当否について、裁判でも訴えてきました。

「聾者、唖者、盲者」を準禁治産制度から削除 準禁治産制度（民法 11 条）のもと、聴覚・言語・視覚の障害者のすべてが準禁治産者と見なされる傾向がありました。実際に、これらの障害のある人が、金融機関から事業資金の貸し付けや住宅ローンの利用を拒否されていました。障害者団体などが削除を求めて活動し、1979 年に民法 11 条から「聾者、唖者、盲者」は削除されました。「一般財団法人全日本ろうあ連盟」のウェブサイトには、「やっと銀行からの借り入れで自分の家を建てることができた。聞こえる人たちと同様に生活できるのが大変うれしい」という当時の声が紹介されています。

色覚差別撤廃の取り組み 「色盲・色弱」や「色覚異常」がないことを受験資格とする大学などが、1980 年代後半まで、とくに理系分野で多数ありました。これらの受験資格は、削除を求める当事者

の運動によって 1993 年頃にはほぼ姿を消し、「雇い入れ時健康診断」の色覚検査も 2001 年に廃止されました。

地方条例の欠格条項　都道府県や市町村の条例から、精神障害者や知的障害者などを締め出す条文を撤廃することを求めて、各地の障害者、家族や関係者が調査し、取り組んできました。

1990 年代

法令の改正をめざして　「聴覚障害者を差別する法令の改正をめざす中央対策本部」が 1999 年から「差別法撤廃署名」と「地方議会請願」の取り組みを始めました。各地で街頭署名などのキャンペーンを展開し、地方議会の意見書採択は 1000 議会を超えました。署名は 223 万筆に達し、2000 年に国に提出しました。

障害の違いや有無をこえて　欠格条項にかかわる体験の募集、各省庁との協議など、障害の違いや有無をこえて欠格条項の撤廃をめざす取り組みも始まりました。

2000 年代

国会で改正法成立　医師免許、運転免許などの 63 制度について、欠格条項を改める法案が、2001 年に成立しました。障害のある人も複数名が国会参考人として発言しました。

試験における共通的な配慮　国家資格試験の受験資格がないと法律で定めていた欠格条項は全廃されましたが、法律が変わっても、障害のある人が同等に受験できる状態にはなっておらず、受験時の配慮を申請して何も対応されなかった人もいました。受験した人たちの経験を元に、「資格免許試験の実施および教育・就業環境等の整備に関する要望」などが団体の枠をこえて継続され、2005 年に「資格取得試験等における障害の態様に応じた共通的な配慮について」が、障害者施策推進課長会議で決定されました。

1000 人アンケートと集会　運転免許の聴力基準をめぐって、約 1000 人の運転経験のある聴覚障害者が、財団法人全日本ろうあ連

盟、社団法人全日本難聴者・中途失聴者団体連合会（いずれも名称は当時）、障害者欠格条項をなくす会が合同で呼びかけたアンケートに回答しました。その結果、報告を兼ねて 2006 年に「運転に聴力は必要ですか ?!」集会が開かれました。実車実験なども経て、2017 年にかけて聴力基準の改定が重ねられました。

2010 年代

「自力通勤、介助なし職務遂行」というハードル　中核市以上の自治体の障害者対象採用試験について、約 8 割の自治体が「自力で通勤でき、介助なしに職務遂行できること」「活字印刷文に対応できること」などの受験資格を設けていることが、障害者欠格条項をなくす会の調査で示されました。その後、こうした受験資格は不適切であることが、政府の指針となる文書にも明記されました。

「公務員の欠格条項を考える集い」　2017 年に、超党派の国会議員、障害者団体、弁護士会などによって集会が開催され、成年後見制度と連動した欠格条項の削除にむけた道をつけました。

2020 年代

欠格条項の急増に対して　成年被後見人等への欠格条項の削除と入れ替えるように、「精神の機能の障害」欠格条項が急増していることが、障害者欠格条項をなくす会の調査で示されました。危機感を共有した 100 を超える団体・個人が要請アピールを出し、2021 年には「障害を理由とした欠格条項にかかわる相談キャンペーン実行委員会」による臨時相談窓口を設けました。

自治体の取り組み

　市町村や都道府県のなかには、障害のある職員を採用する、駅にエレベーターを、バスにリフトを設置する、公営住宅で障害者の単身入居を受け入れるなど、国に先駆けて取り組んできた例もあります。また、大多数の自治体は、障害者や関係者などの指摘を受けて、

地方条例や議会傍聴規則などの差別的な条項を改正してきています。兵庫県明石市は 2016 年に条例を新設し、成年後見制度の利用者も市職員として採用できること、さらに職員が同制度の利用によって失職しないことを定めました。

国の取り組み

　2001 年の国会で「障害者等に係る欠格事由の適正化等を図るための医師法等の一部を改正する法律案」が成立し、54 本の法令が改正されました。政府の姿勢が長年、欠格条項は必要として見直しに応じないものだったことからすると、歴史的な進展でした。同時に、法施行後 5 年をめどに欠格条項のありかたを検討した上で必要な措置をとるという附則が法律の一部として定められたのです。しかし、現時点で国はまだ、この附則の実行に手をつけていません。

　日本は国連の障害者権利条約を 2014 年に批准し、国内法を条約にふさわしいものにするよう、障害者基本法の改正、障害者差別解消法の新設、障害者雇用促進法の改正などを進めてきました。137 ページに「ぜひ知っておきたい法律」としてまとめています。

　法律の改正や新設は、内閣府におかれた障害者政策委員会でも審議されてきました。この委員会の構成員の半数は、障害当事者および家族などの関係者です。障害者基本法に基づく基本計画や、障害者差別解消法に基づく基本方針には、欠格条項の必要な見直しの検討が、課題として記述されています。

　障害者権利条約をつくる審議には、世界各国の障害のある人たちが「私たち抜きに私たちのことを決めないで」を合言葉に、熱意をもって参画し、2006 年に国連総会で条約が採択されました。日本の自治体や国の取り組みも、障害者をはじめとする市民の活動や働きかけの積み重ねがあって進んできています。

バリアフリーを目指して

医師／聴覚障害 **藤田 保**

　私の父親が建築技師であったからか、高２までは大学工学部を志望していましたが、その後に無医村で働く女性医師の本を読んでいたく感動して、医師ほどやり甲斐のある職業はないと思うようになり、医学部に目標を変えました。高校生なので単純でしたが、当時も医学部は難関でしたから、２浪まではがんばろうと思っていました。しかし、幸いに１浪で合格しました。

　大学には無医村研究会がありましたが、そこには顔を出さず、琵琶湖で部活のヨットに乗ってばかりでした。そして、３回生の頃から難聴とめまいを自覚するようになり、階段式の講義室でしゃがれ声の教授の話が聞き取れなかったことを覚えています。大学病院の耳鼻科でいろいろな検査を受けたものの原因がわからず、自分が難聴者という意識はまだありませんでした。

　私が受ける３年前から医師国家試験に面接試験がなくなり、筆記だけでしたので受験で困ることはなく、合格して医師となり母校の精神神経科に入局しました。医師免許の申請には健康診断書の提出が必要でした。目が見えない、耳が聞こえない、話せない、精神病や麻薬中毒ではないことを証明するためで、これは医局の先輩医師に書いてもらいましたが、たとえば、耳が聞こえないのは何デシベルからといった基準はなく、聴力検査もしませんでした。

　その後、難聴は少しずつ進行してきて、当時日本で導入されはじめたCTスキャン（造影）によって原因が両側性聴神経腫瘍（脳腫瘍の一種）と判明し、良性ながら放置すれば生命に関わることから切除手術を受けて失聴しました。軽度難聴はあったものの術後はまったく聞こえなくなり、これからどう生きてゆけばよいのか、医師の業務が続けられるの

かなど、難題ばかり突き付けられて途方に暮れていました。

　ただ、術後に顔面神経まひが後遺症として残ったこともあり、しばらくはリハビリに専念することになり、いわば社会復帰までの猶予期間を持つことができました。顔面神経まひは1年後には機能的に半分くらい戻りましたが、当時の医師法では取得後に聞こえなくなれば免許を返上しなければならないとありました。当時でも医師が悪質な犯罪を犯せば「医師免許剥奪」というニュースを見ていましたから、それと同様なのか？といささか不可解な気持ちでした。ですから、後に「差別法令撤廃運動」が始められた時はほとんど迷わずに参画していました。

　病院の上司や先輩らと相談して、病理検査などの仕事に転進してはどうかとの話もありましたが、周囲は可能なかぎり支援するのでできる範囲で仕事をすればよいということで業務復帰しました。ただ、患者さんの診察では看護師が筆記通訳するものの、話すスピードについてゆけずに困難を極めました。したがって、脳波検査やX線写真の読影を担当したり医師が書くべき書類を作成する仕事が増えました。

　失聴3年後から近くの手話サークルに通い手話の学習を始めたのですが、これは情報保障の面だけでなく、その後の自分の生き方にいろんな影響を与えました。失聴15年目の1993年には勤務する病院で「聴覚障害者外来」を始めることになり、手話で診療するなど中心的役割を担うことで、やっと医師として自己実現を果たせるようになったと思っています。聴覚障害者にとっては無医村ではないものの病院受診は敷居が高いので、バリアフリーを目指して取り組むなど社会的役割も果たせているとやり甲斐も感じています。

欠格条項が撤廃された資格・免許には
どのようなものがありますか？

臼井久実子

　政府が障害者にかかわる欠格条項を見直す期間としていた、1999 年度から 2002 年度にかけて、欠格条項を撤廃した法律がいくつかあります。この項目では、まず、欠格条項が撤廃された資格・免許の現在を見ていきます。そして、2001 年の見直し後も欠格条項を残している資格・免許について、その後の変化を探ります。

欠格条項が撤廃された資格・免許

　栄養士、調理師、製菓衛生師、検察審査員の資格・免許、そして、医師と歯科医師の受験資格は、それぞれの対応する法律から、欠格条項が撤廃されています。

　各国家試験の受験案内には、試験における合理的配慮について記述があります。管理栄養士国家試験を例にとると、「視覚、聴覚、音声機能又は言語機能に障害を有する者で受験を希望する者は、管理栄養士国家試験運営本部事務所まで申し出た上で、下記の申請書等を提出すること」と案内されています。申請書等とは、「国家試験の受験に伴う配慮事項申請書、配慮が必要な理由が確認できる医師の診断書（任意様式）、筆記用具以外で、持ち込むもの（試験中に使用）がある場合は、その写真」との指定です。こうした受験案内は、法律に欠格条項がまだ残されている医師などの国家試験の案内とも、ほぼ共通しています。

　都道府県が実施する栄養士などの試験には、「車いすの使用等、受験上の配慮を必要とする方は、受験申請時にあらかじめご連絡くだ

さい」といった短い記述の例もみられます。また、次のような例もあります。「受験に際し、疾病や障害等のために配慮を希望する方は、受験願書の『受験時の配慮の希望』欄に個々の症状や状態等をご記入ください。配慮希望事項について受験願書提出前のご相談も受け付けております」（製菓衛生師試験・関西広域連合 2022 年度受験案内から）

栄養士、調理師、製菓衛生師については、障害のある学生に合理的配慮を提供し学ぶ権利を保障する旨を、公式ウェブサイトに明記している養成学校や学部がいくつかあります。

●栄養士免許

栄養士法には「精神病にかかつている者であって、栄養指導の業務を行うに適しない者に対しては、栄養士の免許を与えない」という欠格条項がありましたが、2000 年の法改正によって削除されました。その結果、栄養士については、障害を理由とする欠格条項が全廃となりました。

栄養士と管理栄養士はどちらも国家資格で、管理栄養士については国家試験があります。栄養士は、養成学校や学部を卒業すれば、都道府県知事から免許を受けることができます。

就業分野は教育、保育、福祉、医療、社員食堂、飲食業など幅広いです。栄養士に限らないことですが、免許や資格をもつ人の職場や働きかたは多様です。早瀬久美さんのお話（28 ページ）のように、耳が聞こえない薬剤師がスポーツ現場で働くなど、可能性が広がってきています。

●調理師免許

調理師法には「精神病者に対しては、調理師の免許を与えないことがある」という欠格条項がありましたが、2001 年に削除されま

した。調理師は、都道府県知事から免許を受ける国家資格で、調理師学校で必要単位を取得して卒業すれば、卒業と同時に免許を取得できます。養成学校は出ていなくても、規定に基づき実務経験を積み、都道府県あるいは広域連合が実施している試験を受けることもできます。

◉製菓衛生師免許

製菓衛生師法には「精神病者には、製菓衛生師の免許を与えないことがある」という欠格条項がありましたが、2001年に削除されました。製菓衛生師は、都道府県知事から免許を受ける国家資格で、試験は都道府県あるいは広域連合が実施しています。受験するためには、指定された養成校で1年以上学ぶか、2年以上の実務経験を積む必要があります。

◉検察審査員

検察審査会法には、1999年まで、「耳の聞こえない者、口のきけない者及び目のみえない者は、検察審査員となることができない」という欠格条項がありました。

検察審査会は、全国の地方裁判所と主な地方裁判所支部に置かれています。検察が不起訴処分にした事件、つまり裁判にかけなかった事件について、不服申し立てがあった時に、不起訴処分でよいのかどうかについて、あらためて審査をする役割をもっています。審査をするのは一般市民で、有権者のなかからクジで選ばれた審査員と補充員です。

1998年にクジで審査員に選ばれた耳が聞こえない人が、上記の欠格条項のために排除を通告されました。「進学や就職で、法律自体によって差別される経験を、いやというほど受けてきました。そして、今回また、一方的に排除されようとしました。差別を受けた心

の痛みが今でも大きいままです」と発信し、選挙管理委員会や検察審査会と話し合いを重ね、法改正を要望したことが、欠格条項の削除につながりました。手話通訳や筆談を導入し、費用は審査会の予算で出すことも説明されました。

その後、聴覚障害のある人や全身性障害のある人が審査員や補充員として就任した例があります。全身性障害のある人の就任をきっかけに、介助が必要な障害のある人が選ばれた場合は、検察審査会が介助費用を負担することも決まりました。

● **医師と歯科医師の国家試験、予備試験の受験**

医師法には「目が見えない者、耳が聞こえない者及び口がきけない者は医師国家試験及び医師国家試験予備試験を受けることができない。精神病者には、医師国家試験、国家試験予備試験を受けさせないことがある」という欠格条項がありました。歯科医師法も、上の医師を歯科医師に置き換えた条文を設けていました。これらの受験の欠格条項は、2001年にすべて廃止されました。

見直し後の変化について

看護師などの医療分野の資格・免許は、まだ欠格条項が残されていることも背景に、養成学校や学部が障害や疾患がある人の受け入れに消極的な場合がみられますが、医療分野の養成学校や学部に入学し、資格・免許を手にする人は、年々増えています。学生の会や従事者の会、連携する人々のネットワークが新たに作られています。

2001年以前の状況を経験している人からは、必要に応じて自分の障害や疾患を伝えやすくなった、学び働く上での合理的配慮について対話しやすくなった、と述べられることがあります。

差別禁止と合理的配慮について、障害者差別解消法や障害者雇用促進法で規定されたことによって、現場での対話、経験事例の集積

も少しずつ進んできています。

　障害者一般については、内閣府がサイトを設置しています。
「障害者の差別解消に向けた理解促進ポータルサイト」
https://shougaisha-sabetukaishou.go.jp/

　資格取得試験については、この文書が標準となっています。
「資格取得試験等における障害の態様に応じた共通的な配慮について
て」（障害者施策推進課長会議決定、2005 年 11 月 9 日）
https://www8.cao.go.jp/shougai/suishin/sikaku.html

　障害者雇用については、スライド「働く障害のある方へ」や企業
が取り組んでいる雇用と合理的配慮の事例の紹介があります。
「働く障害のある方へ　ご存知ですか？　雇用分野における障害者
に対する差別は、禁止されています」（厚生労働省）
https://www.mhlw.go.jp/file/06-Seisakujouhou-11600000-
Shokugyouanteikyoku/29032201.pdf
「障害者雇用事例リファレンスサービス」（独立行政法人高齢・障害・
求職者雇用支援機構）
https://www.ref.jeed.go.jp/

　知りたいことを絞って探せば、他のところには載っていないよう
な経験事例が紹介されている場合があります。たとえば、下記のサ
イトには「先輩医師に聞いてみよう」という窓口があります。「情
報・関連サイト」にも豊富な情報が掲載されていて参考になります。
「"夢をつなぐ" Doctor's Network」
https://dream-doctor.net/about/
　　　　　　　　（上の URL はすべて 2023 年 1 月 12 日アクセス）

Q13

自分の経験と欠格条項の関係は どうしたらわかりますか？

臼井久実子

　本項で紹介する経験の多くは、「障害を理由とした欠格条項にかかわる相談キャンペーン実行委員会」の相談窓口（2021年）に寄せられた相談です。障害を理由とした欠格条項が法令にないことでも、障害を理由とした差別はあります。実行委員会では、欠格条項と関わりがあるかどうかに関係なく相談を受けて、共に問題を整理しました。どのような差別にあたるか、法令に欠格条項があるかどうか、経験と欠格条項の関係を整理することで、相談や話し合いに落ち着いて進んでいくことができます。

法律の欠格条項はなくても、障害のある人を締め出すような資格や条件が設けられている場合

　「受験資格に、活字印刷文に対応できること、と書かれています。点字では受験できないということでしょうか？」

　この試験は、点字や音声パソコンによる試験であれば活字と同じ問題に対して回答できる視覚障害のある人を排除しています。

　文字と音声とを変換するパソコンなどを使って就業できるにもかかわらず、この受験資格は、公務員試験には2018年頃までごく一般的に設けられていました。国や自治体は障害者の雇用を率先して進める立場にあることから、不適切な条件だと認識されるようになり、是正のために「障害者活躍推進計画作成指針（厚生労働省2019年）」（https://www.mhlw.go.jp/web/t_doc?dataId=00011640&dataType=0&pageNo=1　2023年2月1日アクセス）などが出されて

います。

「車いすユーザーの教員です。学級担任を希望していますが、生徒の避難誘導ができなければならないという決まりに、担任希望を阻まれています」

「学級担任は生徒の避難誘導ができなければならない」とは、法律ではなく、この学校で決められていることです。このような決まりで障害のある教員が不利益を被っていることがあります。たとえば避難誘導は、指示を出す、引率する、連絡するなど、複数の教職員がチームで担うほうが適切で可能なことがあります。チームワークのなかでこそ、障害のある教員がどのような役割を担うか、どんな合理的配慮があればよいかが検討しやすくなります。また、こうした決まりの多くは、障害がある人を抜きにして作られてきました。障害のある当事者の参画のもとで検討しなおすことが必要です。

「障害があるから現場実習は無理だろうと言われました」

たとえば、教育・福祉・医療系の養成学校や学部の受験の際に、または入学後に、このような対応がみられます。「卒業できないだろう」「免許を交付されないだろう」という決めつけで看護専門学校への入学を拒否されたり、発達障害を理由に実習を許可されず保育士資格を得られずに卒業した人がいます。

欠格条項のあるなしにかかわらず、学校は、学生が履修して卒業できるように尽力しなければならない立場です。また、学校や教職員のほうで無理だと思い込まれていることも、工夫や調整しだいでできることは豊富にあります。

撤廃された欠格条項がまだあるものとして記述されていたり、その認識で対応がされたりする場合

「銭湯でくつろいでいたら、壁の掲示に、精神病者は入浴お断りと書かれていて、あぜんとしました。帰ってから銭湯に手紙を出しました。銭湯のリラックス効果を実感していること、法律は20年前に欠格条項を削除したことを伝えました。次に行ってみたら、壁の掲示は塗り消されていました」

公衆浴場法には1987年まで、精神病者の利用制限がありました。「第4条　営業者は伝染性の疾病にかかっている者と認められ、又は他の入浴者の入浴に支障を与える虞のある精神病者と認められる者に対しては、その入浴を拒まなければならない」との条文でした。

このように、公文書や掲示物などにも欠格条項が削除されないまま残っていることがあります。国から通知通達などが出されたものもありますが、広く伝わっていません。本来、十分に浸透するまで伝える必要があります。放置したままだと、さらに被害が出てしまいます。気がついたときや、指摘しても改められない場合は、たとえば、115、116ページの障害者差別解消法を切り口とした相談窓口に連絡する方法があります。

「公務員の受験資格に、成年被後見人、被保佐人は不可と書かれているのを見ました」

公務員については、成年被後見人、被保佐人に対する欠格条項は2019年に削除されていますが、2021年になっても、受験資格に古い欠格条項が掲載された例が少なからずありました。誰もミスに気がつかないほど欠格条項が定着しているということでしょう。

「警備会社で面接を受けて採用が決まりかけたのに、被保佐人と

101

いう理由で断られました」

　2019 年に、警備業などの法令から、成年被後見人、被保佐人に対する欠格条項を削除する法律が成立しました。しかし、2021 年に行われた警備業の研修において、成年被後見人、被保佐人は警備員になれないと、必修講師が発言した例があります。警備会社が欠格条項の削除を認識していなければ、法改正前と同じことが繰り返されます。このような法違反を繰り返さないために、警備業を管理している警察内の研修、業界への通知や研修の徹底が重要です。

　「新しい免許の取得について、地元の公安委員会に、2021 年に相談に行きました。そのとき、運転免許をもてるのは補聴器をつけずに 10 メートルの距離から 90 デシベルのクラクション音が聞こえる人だけだと説明されました。今もっている普通第一種免許は取り消しになると言われました」

　「補聴器をつけずに」というのは、聴力についての 1973 年までの基準そのもので、現行法令をまったく認識していない誤った説明です。

その人の状況は欠格条項に該当しないにもかかわらず、障害名や疾患名で該当すると決めつける対応

　運転免許の更新の際に、警察の窓口に障害名や疾患名を告げると、その場で免許を停止する、取り消す、という対応がされることがあります。現在の法令は、問題なく安全に運転できている人の免許を、障害名や疾患名のみを理由に奪う内容ではありません。それにもかかわらず、現場では、現行条文の定め以上に厳しく制限しようとする傾向があります。人権を侵害しないように、警察や公安委員会の職員研修が徹底されなければなりませんが、根本的な問題は、障害や疾患を理由とした欠格条項が残されていることにあると言えます。

相談窓口をもつ公的機関が、障害者にかかわる主要な法律について理解していない場合

「私は片目が見えません。障害者手帳はなく、一般雇用枠で就労し、運転免許や国家資格をもっています。業務に支障はありませんが、同僚からのハラスメントがあり、退職せざるをえませんでした。このとき、上司から『障害者雇用枠ではないので障害者ではない』などと言われ、公的機関に相談しても『手帳がなく障害者雇用枠でもないので対応できない』『ハラスメントの相談は受けない』との姿勢でした。医学モデルから社会モデルへの転換、手帳がなくても障害者として認められること、合理的配慮の提供など、障害者雇用促進法がめざしていることが十分に理解されることを望みます」

現行の障害者基本法、障害者差別解消法、障害者雇用促進法は、障害者を「身体障害、知的障害、精神障害（発達障害を含む）その他の心身の機能の障害があるため、長期にわたり、職業生活に相当の制限を受け、又は職業生活を営むことが著しく困難な者をいう」と定義しています。つまり、雇用差別禁止の対象は、障害者手帳をもつ人や、障害者雇用枠で採用された人だけではありません。しかし、そのことを相談窓口をもつ公的機関や雇用側が認識していない場合があることが、この経験にあらわれています。

関心のある職種などに、障害を理由にした欠格条項があるかどうかは、「e-GOV 法令検索」で調べることができます。
e-GOV 法令検索　https://elaws.e-gov.go.jp/

欠格条項にぶつかったら、
どうすればいいですか？

藤岡 毅

欠格条項の問題に対処するには、ひとりで悩まず、信頼できる相談機関、専門家などに相談し、一緒に考えてくれる人、サポート機関につながることが重要です。具体的な相談機関へのアクセス方法はQ15で解説します。

欠格条項問題への対処の一歩

◉自身で事案を整理することが第一

その事案を一番知っているのは問題に直面した当事者です。その事案を自分以外の相談機関などにわかりやすく説明することを意識して、事実関係を整理してみてください。

悩み傷つき憤りもあるでしょうが、できるだけ客観的に事実を要領よく整理してみましょう。他の人に説明しようとすることで自分の思考も整理されます（112ページの「相談者記入シート」を参照）。

実践的には、通知書や契約書などの文書を大切に保管しておくこと、日記をつけるなど普段から記録をとっておくことが大切です。

「いつ、何があったか、誰に、何を言われたか、その状況」に関して、記録を残しておくことが解決の帰趨を左右します。それらは後日裁判でも証拠となりえます。

◉問題の所在の位置づけの整理

次に、直面している事案での問題となる欠格条項の次元を的確に捉えることが必要です。

　その問題は、①法律自体が問題なのか、②法律を運用するための行政の政令・通知などが問題なのか、③正しい法解釈、運用に関する周知や指導が不十分なことが問題なのか、④その業界の運用、慣行などが問題なのか、⑤事業者などの無理解の問題か、⑥担当者の不勉強等々、何が壁になっているのかの位置づけを正しく捉えることが大切です。

●対処方法の選択

　それらの整理を前提として、その事案の対処方法として、①自力で解決できそうか、②身近な支援者などとともに対処すれば突破できるか、③公的な相談機関などに介入を依頼するか、④紛争解決のための各種の調停機関などを活用するか、⑤弁護士に相談、依頼するか、⑥訴訟などの法的手続きをとるべきか。

　などと検討します。本人だけで考えることは容易でありませんので、信頼できる相談機関や専門家と一緒に考えましょう。

欠格条項にぶつかることの意味

　障害などを理由とする欠格条項の問題の本質は、障害に基づく「差別」（人権侵害）の問題であり、「社会的排除」の問題です。

　人は誰でも平等に社会に参加する自由と権利を有しますが、それが自身には責任のない「心身の障害」という理由で疎外されることは、憲法の法の下の平等（憲法 14 条）違反の問題であり、個人の尊厳の尊重（憲法 13 条）違反の問題です。そして、憲法の下位規範として、障害者権利条約、障害者基本法があり、欠格条項に関する関係法令として、障害者差別解消法、障害者雇用促進法などが関係します。それらの関係法令を正しく適用した場合にその事案はどう理解され、正しい解釈とは何なのかを検討することになります。

　以上が総論的な解説ですので具体例に即して考えましょう。

障害、疾病などを勤務先に伝えるべきなのでしょうか？

相談例　精神障害がありますが、服薬により寛解しており、現在問題なく勤務しています。職場の毒物劇物取扱責任者が退職することになり、その資格を取得済みの私に就任の打診がありました。その職務を開始するには登録が必要で診断書が必要なのですが、主治医は就任に消極的な反応です。また、勤務先に私の疾病が知られてしまうことが心配です。

解説　毒物及び劇物取締法8条2項は「次に掲げる者は、……毒物劇物取扱責任者となることができない。……2　心身の障害により……業務を適正に行うことができない者……」と定めます。

障害があれば資格取得ができないという絶対的欠格条項ではありませんが、「心身の障害により……業務を適正に行うことができない者」とみなされれば資格取得ができない相対的欠格条項です。

条項の存在自体が問題ですが、この条項を削除しないかぎり資格取得が不可能ということではありません。医師に業務遂行に支障がない旨の診断書を発行してもらえば、資格登録は可能です。

ただし、障害や疾患があること自体で資格を剝奪するという仕組みの多くは撤廃されて、当該個人をみて業務に支障がなければ資格を認めてよいという制度に切り替わっていることを理解していない医師も少なくありません。患者が医師にそのことを説明するのは難しいかもしれませんので、ソーシャルワーカーなどの専門家から医師に説明をして、理解を得るようにすることなどが考えられます。

次に、職場に障害が知られることは問題ありません。むしろ、職場には労働者の健康に配慮すべき職場環境配慮義務があり労働者のメンタルヘルスに注意することは法令上の事業者の義務です。

労働安全衛生法は第7章で事業者に「健康の保持増進のための措

置」を取ることを義務づけ、同法第 70 条の 2 第 1 項の規定に基づき国はメンタルヘルス指針「労働者の心の健康の保持増進のための指針[1]」を定めています。

　会社が過重な業務を強いたことでうつ病を発症し解雇された労働者が、解雇は無効および会社の安全配慮義務違反などを理由とする損害賠償を会社に対して求めた事件で、会社は、労働者が精神面の情報を提供しなかったから賠償額は減額されるべきと主張しました。

　最高裁判決（2014 年 3 月 24 日）は、会社が労働者に対する安全配慮義務違反による損害賠償責任を負うことを前提に、会社の「健康面に関する情報不提供を理由とする減額」の主張に対して、次のように判示しました。

　「労働者が自らの精神的健康に関する一定の情報を使用者に申告しなかったことをもって過失相殺をすることはできない」「申告しなかった自らの精神的健康（いわゆるメンタルヘルス）に関する情報は、神経科の医院への通院、その診断に係る病名、神経症に適応のある薬剤の処方などを内容とするもので、労働者にとって、自己のプライバシーに属する情報であり、人事考課等に影響し得る事柄として通常は職場において知られることなく就労を継続しようとすることが想定される性質の情報であったといえる。使用者は、必ずしも労働者からの申告がなくても、その健康に関わる労働環境等に十分な注意を払うべき安全配慮義務を負っている」

　疾病の原因を作り出した責任が会社にある事案ですが、そのような原因がない事案でも一般的な判示事項はあてはまるはずです。

障害があると実習もさせてもらえないのでしょうか？

　相談例　私は「診療放射線技師」になることを希望しています。

★1　「労働者の心の健康の保持増進のための指針」 2006 年 3 月策定、2015 年 11 月 30 日改正

資格取得のためには国家試験に合格する必要があります。その受験資格のひとつに診療放射線技師養成学校（大学の医学部の放射線技術科学などで実施）における「診療放射線技師養成課程」があり、私はその入学試験の面接において、試験官に「補聴器を装着しながらMRIは操作できない。実習先の病院に受け入れてもらえるか保証できない」と言われました。補聴器をつけているだけで人生の夢を諦めなくてはいけないのでしょうか。

解説　放射線技師になるには、診療放射線技師法第3条の国家試験に合格する必要があります。同法4条は「心身の障害により診療放射線技師の業務を適正に行うことができない者……」には「免許を与えないことがある」と相対的欠格条項を設けています。また「診療放射線技師法施行規則」第1条の3は「免許の申請の際の添付書類」として「視覚、聴覚、音声機能若しくは言語機能若しくは精神の機能の障害に関する医師の診断書」を求めています。

次に国家試験の受験資格は同法第20条で「文部科学大臣が指定した学校又は都道府県知事が指定した診療放射線技師養成所において、3年以上診療放射線技師として必要な知識及び技能の修習を終えたもの」と定めます。

上記の相談例で、結局、受講者が補聴器をつけていることを理由に課程への入学や卒業が認められず、国家試験の受験資格が得られなかったならば、同大学の対応が違法であり、入学または卒業不合格処分の取り消しや無効確認を求める訴訟提起が考えられます。

相談者が受験したい課程は、法に基づき国または都道府県知事から診療放射線技師学校養成所指定規則などに基づく指定を受けて委託を受けた公的な課程の意味を持ちます。養成所の入学または卒業不合格は、当該学生の国家資格の受験資格を否定する処分ですので国家資格不合格処分に準じて考えることができると思われます。

　相談者に障害があるとしても、資格取得が法律上絶対的に否定されているわけではなく、国が免許申請者から提出された診断書なども判断材料としつつ「診療放射線技師の業務を適正に行うことができない者」と認定した場合にかぎり、例外的に免許不交付処分が下せるに過ぎず、「何かしらの障害を有する」ことをもって、あらかじめ受験資格を認めない扱いは法令違反となります。

　次に、仮に当該養成所が入学・卒業は認めた事案で上記の試験官の言動がどう評価されるかです。試験官としては「学生が将来厳しい現実に直面することを避けるための善意の助言」なのでしょう。確かに MRI はきわめて強い磁場を発生させ、強磁性体（鉄やニッケルなど）があると磁力線が集中するため補聴器の故障を引き起こす可能性があり MRI 撮影時は補聴器を外すことが推奨されています。

　しかしながら、当該試験官の言説は、学生の夢を断念させかねない誤った指導と言わざるをえません。仮に欠格条項が現存する医療分野において、職場実習の受け入れ先が乏しいのならば、長年、絶対的欠格条項があり、就業を阻んできた結果とも言えます。

　また、診療放射線技師の業務と職域も多様であり、MRI 設備をもたない医療機関も多く、補聴器をつけて MRI 室に入れないことだけをことさらに強調して、「だから補聴器をしている者は放射線技師になれない」と考えることは短絡的です。必要なのは相対的欠格条項が現存する職種に就く夢に挑戦する人を後押しし、受け入れ、合理的配慮の提供や修学環境について本人と対話しつつ最善を尽くすことです。既存の実習などのありかたも、合理的配慮の視点から見直す必要がありましょう。

雇用差別に対して

　相談例　勤務先に双極性障害の精神疾患があることを伝えていませんでしたが、通院治療のため勤務時間に配慮をお願いしたいと上

司に相談したところ、「就業規則では、心身の故障により業務に支障がある場合は解雇事由にあたる。解雇まではしないでやるが、今後昇給、昇格はさせない」と言われました。

　解説　雇用に関する障害者差別禁止のための国のガイドラインが「差別禁止指針★2」です。同指針は、賃金その他の待遇について「障害を理由とした不当な差別的取扱いは禁止」と明記します。昇進に関しても、障害者のみを排除したり、障害者に不利な条件を付すことは障害者差別に該当するとします。つまり、相談例の事業所の対応は、障害者雇用促進法第35条「事業主は、賃金の決定、……その他の待遇について、労働者が障害者であることを理由として、障害者でない者と不当な差別的取扱いをしてはならない」に該当し、障害者に対する「直接差別」として違法とされます。

　なお、17ページに記述がある最低賃金法について補足します。最低賃金法第7条（最低賃金の減額の特例）は「使用者が……都道府県労働局長の許可を受けたときは、……精神又は身体の障害により著しく労働能力の低い者」については最低賃金額を減額できる旨を規定し、3割減額を認めています。

　国はこの制度の趣旨を「一般の労働者より著しく労働能力が低いなどの場合に、最低賃金を一律に適用するとかえって雇用機会を狭めるおそれなどがあるため」とします。しかし、雇用差別を禁止する上記指針の「賃金条件を障害者に対してのみ不利なものとすること」そのものです。最低賃金を守らないことを労働局が許可する以上、減額された差額は公で保障して、労働者の最低賃金を国が補償すべきと考えます。

　そして、本件で、労働者は事業者に対して、合理的配慮を要求

★2　「差別禁止指針」　平成27年厚生労働省告示第116号

110

することができます。障害者雇用促進法第36条の3は「事業主は、障害者である労働者について、障害者でない労働者との均等な待遇の確保又は障害者である労働者の有する能力の有効な発揮の支障となっている事情を改善するため、……障害者である労働者の障害の特性に配慮した職務の円滑な遂行に必要な施設の整備、援助を行う者の配置その他の必要な措置を講じなければならない」とします。

また、同法第36条の4は「事業主は（上記の）措置を講ずるに当たっては、障害者の意向を十分に尊重しなければならない」とします。設例の精神科に通院するため勤務時間を配慮してほしいという合理的配慮の申し入れに対して、事業者は本人の意向を十分に尊重しながら必要な措置を講ずる義務があり、対応を怠れば違法となります。労働者本人は職場における合理的配慮を、法的根拠をもって要求する権利があります。法を有効に活用しましょう。

雇用の場での合理的配慮の指針である「合理的配慮指針」の存在を知らない事業者もいるのが現実です。その「第4　合理的配慮の内容」の「2　合理的配慮の事例」に「多くの事業主が対応できると考えられる措置の例」として、次が挙げられています。

・出退勤時刻・休暇・休憩に関し、通院・体調に配慮すること。

・本人の状況を見ながら業務量等を調整すること。

よって、労働者は、自分の求めている合理的配慮は国が推奨する典型的な対応に過ぎないことを、それらの公文書の該当箇所を示しながら、事業所と建設的に話し合うことが考えられます。

なお、障害者差別解消法、障害者雇用促進法で合理的配慮を求める権利を有する障害者は、障害者手帳の保有者に限られません。

相談者記入シート

名前	
連絡先（相談先からあなたに連絡をとる方法）	
簡単な自己紹介	（例）専門学校1年生、発達障害と下肢の障害がある。
いつ、どこでの、誰に対することですか 何回かある場合は、年月日の順で記入する	（例）○○○○年○月○日に、○○県の医療専門学校で、本人（自分）に対して。
どのようなことがありましたか 誰にこう言われた／誰にこのようなことをされた／自分はこうした／今こうなっている／など	（例）先生から、実習履修が難しいので卒業できないかもしれないと言われた。実習先との相談を重ねたいし、学校も支援してほしいと答えた。それからは進んでいない。
どういう問題だと考えていますか	（例）学校と実習先の、本人と話し合いながら方法を考える姿勢が重要な問題。
どうしたいと思っていますか	（例）実習は工夫でできると思っているが、自分一人で学校や実習先と話し合っていくのは難しいので、どうするのがよいか、相談にのってほしい。
相談先に質問したいことがありますか	（例）この相談への回答について。また、同じような立場の人はどうしているかについて。
そのほか気になることなど	

＊シートの原型：「障害を理由とした欠格条項にかかわる相談キャンペーン」の相談用フォーム

112

どこに相談すればいいの？

長岡健太郎

受験や資格取得、就職などの際に、欠格条項が背景となって、受験や入学、実習や研修を断られることは、後を絶ちません。就業前後の障害ゆえの雇用差別も発生しています。

欠格条項の問題に対処するには、ひとりで悩まず、信頼できる相談機関、専門家などに相談することが重要です。相談先として、以下のようなところが考えられます。

たくさんあり、「このなかのどれに行けばいいの？」と思われるかもしれませんが、「ここが正解」という唯一の答えはありません。相談者にとって身近に感じられ相談のハードルが低いところに、まずは気軽にご相談いただくのがよいでしょう。また、これらの機関には「障害があってもなくても等しく日常生活や社会生活を送れるようにする」という共通の目的があり、そのために互いに連携しています。最初に相談した先から紹介を受け、より事案に応じた適切な相談機関や専門職につながることもあります。

ひとりで抱え込まずに、まずは一歩を踏み出し、できるところへご相談いただくのがよいと考えます。

欠格条項の問題に取り組む障害当事者団体の相談窓口

● **DPI 日本会議** https://www.dpi-japan.org/

DPI（Disabled Peoples' International）は国際障害者運動のネットワークであり、DPI 日本会議は、その日本国内組織です。身体障害、知的障害、精神障害、難病などの障害種別を超えた 90 以上の団体

が加盟しています。

　DPI日本会議には、「DPI障害者差別解消ピアサポート」という相談窓口があり、障害者差別に関する相談を受け付けています。ホームページから相談ができます。

　上記相談により、後述の自治体や各府省庁の相談窓口を利用する際のサポートや情報提供を受ける、という使い方も考えられます。

◉障害者欠格条項をなくす会

　https://www.dpi-japan.org/friend/restrict/qa/index.html

　国内の法令・諸制度における障害者欠格条項をなくすことを目的として、1）欠格条項に悩まされている障害者の声を集め、広く世間に知らせる、2）欠格条項をめぐる職業や社会活動の実情について、調査、研究する、といった活動をしています。

　ホームページに欠格条項に関するさまざまな資料や情報が掲載されており、各種相談窓口へ相談する際の手がかりにもなるでしょう。

◉各地の障害者自立生活センター

　障害者自立生活センターは、重度の障害があっても地域で自分らしく暮らすため、障害者自身が運営し、介助サービスやピアサポート（＝障害当事者仲間による相談、支援）などを障害当事者に提供しています。障害者総合支援法に基づく相談支援事業を受託している自立生活センターも多く、障害当事者からのさまざまな相談に対応しています。全国自立生活センター協議会（JIL）のホームページに加盟団体一覧が掲載されており、最寄りの自立生活センターを探すことができます。

全国自立生活センター協議会　http://www.j-il.jp/

障害者差別解消法を切り口とした相談先

●市町村、都道府県の障害者差別解消法・条例による相談窓口

　欠格条項の問題の多くは、障害者差別解消法でいう「不当な差別的取扱い」や「合理的配慮の不提供」にあたります。

　そのため、欠格条項の問題にぶちあたった時に、障害者差別解消法に関する相談窓口へ相談することが考えられます。

　障害者差別解消法では、国や各自治体が、障害者、家族、関係者からの障害を理由とする差別に関する相談窓口とされています。

　これを受け、各市町村に、障害者差別に関する相談窓口が設置されています。障害福祉課など、障害者福祉に関する部署に設置されていることが多いですが、なかには独自に障害者差別解消のための条例を制定し、障害者差別に特化した相談窓口や個別の差別事例解決のための仕組み（市町村が障害当事者と事業者の間に入って解決策を調整・あっせんするための仕組みや専門の相談員など）を設けている市町村もあります。また、各都道府県にも相談窓口が設置されており、広域にまたがる相談やより専門的な相談などに対応しています。

　次に紹介する国の各府省庁の相談窓口と異なり、お住まいの自治体で分野を問わずに相談できる点で利用しやすいといえます。

　他方で、必ずしも障害当事者が相談にのれるわけではなく、また市町村によって相談体制の手厚さに差があるので、実効的な差別解決ができているかについてはまだまだ課題があります。この点、2021年5月に障害者差別解消法が改正され、3年以内に施行される予定です。改正法では、国や各自治体での相談・紛争解決体制の整備・強化が定められており、注目されます。

●内閣府や各省庁の相談窓口

　障害者差別解消法を受けて、府省庁には、職員が適切に対応する

115

ための対応要領と相談窓口が定められています。また、それぞれが所管する各事業に関する対応指針と相談窓口が設置されています。

　たとえば、ホテル、旅館に関することであれば厚生労働省、鉄道、バス、飛行機など運輸業に関することであれば国土交通省、といった具合です。各府省庁において、所管事業分野における「障害を理由とする差別の解消の推進に関する対応指針」を定めており、相談窓口も記載されています。対応要領、対応指針、相談窓口の案内は府省庁のホームページを確認してみてください。

障害者雇用促進法を切り口とした相談先

●欠格条項を背景とした雇用差別の例

　次に、たとえば「勤務先に難病があることを伝えていなかったが、勤務時間中に定時の服薬ができるよう休憩時間を調整したり、定期通院のためシフト作成時に配慮をお願いしたりするため上司に相談したところ、『就業規則では、心身の故障のため業務に堪えないときは解雇することになっている』などと言われ、暗に退職を求められたり、上司や同僚から嫌がらせを受けたりするようになった」など、欠格条項を背景として、障害ゆえの雇用差別にあった場合です。

　雇用に関しては障害者差別解消法ではなく、障害者雇用促進法に基づき、障害者差別が禁止されています。

　雇用差別にあった際、自分ひとりでの事業所との話し合いは心もとないことが多いでしょうから、どのように対処するかのいくつかの選択肢を述べます。

●ジョブコーチ・就労支援事業所、専門職などへの協力依頼

　いきなり法的措置を求めるのも、今後の勤務先との円滑な関係を考えると躊躇される場合もありえます。

　次のような就労支援の専門家や専門機関などに事業所との合理的

116

配慮などに関する建設的対話のサポートや仲介をしてもらうことが考えられます。

1　市町村の就労支援センター

2　都道府県の障害者就業センター

3　地域障害者職業センター（JEED）

4　発達障害者支援センター

5　ジョブコーチ

6　障害者総合支援法の就労定着支援事業所

　その他、専門職などとして

7　精神保健福祉士

8　障害者総合支援法に基づく相談支援事業所の相談支援専門員等の協力を得ながら事業者との話し合いをすることが考えられます。

◉各種の相談機関や紛争解決機関（ADR）への相談、あっせん申し立て

　雇用分野における差別の場合、都道府県労働局長による助言・指導や紛争調整委員会によるあっせんを利用できます。

　これらの手続きは、障害当事者と事業者との建設的対話を促進することで差別解消を図る仕組みであり、障害の有無にかかわらず共に暮らす共生社会の実現という障害者雇用促進法の目的・理念にも適う手続きといえますが、事業者が話し合いによる解決を拒否した場合、労働局としてはそれ以上の強制力がないことが欠点です。

欠格条項に関する事案に広く使える紛争解決機関

◉法務省法務局の「人権擁護委員会」への相談・申し立て

　欠格条項の問題は障害当事者の人権に関わる問題であり、「人権侵犯事件」として法務省へ救済を申し立てることが可能です。申し立てがあった場合、法務省の人権擁護機関が調査を行い、事案に応

じて援助や調整を行います。

　国の救済機関であり、費用がかからないのが利点ですが、警察官や検察官のような強制捜査が行えるわけではないので、関係者の任意の協力が得られない場合、解決は困難です。

●弁護士会の「紛争解決センター（ADR）」

　各弁護士会に「紛争解決センター（ADR）」が設置されており、障害当事者と事業者や行政などの間に第三者として弁護士のあっせん人が入り、対話によるトラブルの解決を目指します。なお、ADRとは、裁判外紛争解決手続を意味します。

　比較的低額の費用で、弁護士あっせん人のサポートを得て、当事者間で対話をしながら妥当な解決を目指すことができます。

　和歌山弁護士会や兵庫県弁護士会では、「障害者なんでもADR」を設置し、社会福祉士などの福祉職もあっせん人として関わって、障害者差別解消法や障害者雇用促進法の問題についても、適切な解決ができるようにすることを目指しています。他の弁護士会でも同様の問題にしっかり対応できるADRを作る動きが見られ、今後、一層の活用が期待されます。

和歌山弁護士会「障害者なんでもADR」

http://www.wakaben.or.jp/consul/resolution.html

兵庫県弁護士会「紛争解決センター」

https://www.hyogoben.or.jp/consultation/momegoto/

弁護士への相談

　欠格条項の問題は法律問題でもあり、弁護士に相談することが考えられます。では、どこへ行けば弁護士に相談することができるでしょうか。以下のような方法が考えられます。

●法律事務所

　まず、各地にある法律事務所へ直接相談に行くことが考えられます。ホームページを設けている法律事務所も多く、アクセス方法、相談費用、弁護士の得意分野などをあらかじめ調べられます。

　弁護士への相談費用はどれくらいかかるでしょうか。これは、一律には言えないものの、一般的には1時間あたり1万円（税抜）程度のことが多いです。

●弁護士会や法テラス

　とくに知っている弁護士がいない、どこの法律事務所へ行けばいいかわからない、という場合、各都道府県にある弁護士会や法テラス（＝日本司法支援センター）への相談が考えられます。

　弁護士会や法テラスで定期的に弁護士による法律相談を開催しているほか、障害や難病のある人向けの電話・FAX相談や、出張相談もあります。最寄りの弁護士会や法テラスにお問い合わせください。

●障害と人権全国弁護士ネット

http://syougainet.info/index.html

　弁護士にもそれぞれの得意分野・専門分野があり、すべての弁護士が障害者の問題や欠格条項の問題に精通しているとは限りません。

　「障害と人権全国弁護士ネット」は、障害のある人の人権を擁護する弁護士のネットワークであり、会員弁護士間の情報共有や経験交流を重ね、それぞれの研鑽に努めています。

（URLはすべて2023年1月23日アクセス）

コラム
道は複数開かれている

診療放射線技師／聴覚障害　宮田 充

　私は、片耳がほとんど聞こえない診療放射線技師です。約 21 年間、医療機関で従事しました。同時に大学院で行っていた聴覚障害者支援研究がソフトウエア会社で実用化。現在はその会社の研究者です。聴覚障害を持つ学生や教育関係者のお役に立てればと思い記します。

　進学の際、重要なのは聴覚障害があるから諦めるのではなく、乗り越える方法を考えること。ポイントは 3 つです。

　①これまで聞こえない壁をどう乗り越えてきたのか　たとえば、水泳の授業はどうしていたのでしょうか？　先生の指導が音声のみで聞こえないと命にかかわります。面談した学生さんに質問すると、先生やクラスメイトも一緒に工夫しながら乗り越えてきたという事実がありました。

　②大学での授業や実習の時の壁　授業や実習も①と同様に考えれば解決できます。教える側も教わる側も一緒に工夫することが重要です。障害者差別解消法が施行され民間事業者も合理的配慮の提供が義務化されるので大学や実習先医療機関も対応していくことでしょう。

　③病院で働くときの壁　病院で働きだすと音声コミュニケーションが主体なので困ることが多いと思います。でも、病院業務の目的や流れを理解して全体を俯瞰して、自分が何を求められて何をしないといけないのかを予測して対応できるようにしていれば、困ることが少なくなります。つまり、考えて行動すれば道は開けます。

　最後に、聞こえない患者さんの気持ちがわかるのは強みです。病院で働く、研究開発をするなど、すでに道は複数開かれています。

コラム
病気や障害を理由に門前払いしないで

てんかん既往歴　**峯尾聡太**

　私は、2021年の相談キャンペーンに、障害当事者の立場から相談員として関わらせていただきました。私自身も欠格条項に進路を阻まれそうになったことがありました。私はてんかんの患者でした。薬のおかげで発作もコントロールでき、10年以上前から薬を飲まずに生活しています。そんな私が予備自衛官補になろうとしたとき、てんかんの既往歴がある人は自衛隊員になれない決まりがあると言われ、ショックを受けました。DPI日本会議に相談し、欠格条項の緩和に向けて対応していただいたことで、無事、予備自衛官補として働けることになりました。

　この体験から、微力ながら恩返しをしたいと思い、相談員になりたいとご連絡をしました。今まで相談員の経験はなく、当日は不安を抱えて集合場所へうかがいましたが、経験豊富な相談員のチームメンバーの方と一緒に相談に対応することができました。当日は、欠格条項の問題に限らず、障害や疾病を抱える人の日常生活の悩みについても幅広く対応をしました。

　当日寄せられた相談から、欠格条項や障害に対する誤った理解によって、生きづらさを抱えている人は私以外にも多くいることを再確認しました。健常者向けにつくられた社会という型からはみ出る者を排除しようとする考えは根強いのではないでしょうか。病気や障害を理由に門前払いをするのではなく、どうしたらその人ができるか、その方法を一緒に考えられる世の中に変わってほしいです。

夢を諦めず進みたい

受験生／聴覚障害　**紅華**

　私は感音性難聴による聴覚障害をもっています。補聴器がないと大きな音しか聞こえないため通常の生活を送ることが困難です。私にとって、補聴器は体の一部と言ってもいいほど大事なものであり、毎日肌身離さず身につけています。

　3歳になっても言葉を話さないことで、私に聴覚障害があるとわかりました。小学校に通学しながら特別支援学級制度を利用し生活をしました。国数、道徳の個別指導を受けました。学年によって頻度は変わりますが特別支援学校に通級しながら会話能力などを身につけました。中学校でも特別支援学級制度を利用し、英語の個別指導を受けました。その後は公立高校に通い、みんなと同じように学校生活を送りました。それまではサポートを受けながら過ごしていたため、不安もありましたが、苦手な部分やできない部分を周りの人に理解してもらいながら過ごすことができました。

　私は将来、患者さんに寄り添う医療職に就きたいと考えていました。難聴ということもあり、人に助けてもらうことが多くあり、助けてもらう側ではなく、助けたいという思いがありました。その後、親族の疾患がきっかけで、放射線技師の仕事の魅力を知り、進学先を放射線科のある大学や専門学校に決めました。受験の際には受験校に配慮申請をしました。

　ある大学の学校推薦型選抜試験の面接試験で、面接官から「実習をする際、補聴器をつけていると実習を受け入れてもらえる病院を紹介できるか保証ができない」さらに、「MRIの際に補聴器を装着しながら操作をすることはできない」と言われました。このことを言われた時は驚きと動揺を隠せませんでした。この後、補聴器を装着しているだけで人

生を左右されなければいけないのか、そして夢であった放射線技師を諦めなければいけないのかと考えるようになりました。今後どうしていけばよいのかわからなくなり、日常生活でも「みんなと違って補聴器をつけているからできないかも」と自信をなくす場面が多くなりました。

　面接で言われた内容について進路の先生に相談しました。聴覚障害をもっていながら医療に従事している方がいると知り、連絡をしてもらいました。それをきっかけに聴覚障害をもつ医療従事者の会の方からお話をうかがうことができました。そこでは、私が一番気になっていた補聴器をつけていてつらかったこと大変だったことを質問し、補聴器をつけているということはマイナスと捉えがちだけどそんなことはなく、他の人と違うことは「武器」に、そして自分にとって「プラス」になるということを教えていただきました。またさまざまな人、物と関わる上できっかけを見つけることができるということや、自分が困っていることをなくす努力をすると周りの人を助けることができる、などのお話をうかがうことができました。「夢に向かう強い気持ちがあれば、途中でなにがあっても夢を実現することに近づける、夢を諦める必要はない」という言葉は当時の私にとって心に響きました。

　今まで補聴器をつけていてマイナス面に考えてしまうことが多くありましたが、これからは補聴器をつけている自分だからできることを見つけて生活していきたいです。そして、夢を諦めずに一歩一歩前に進んでいきたいと考えています。

生徒の進路指導を行って感じた見えない壁

某県高校進路指導教員

　私はある県で進路を担当している教員です。2021年、聴覚障害を持つ放射線技師を目指す生徒から受験後に相談を受けました。補聴器を使うがゆえの事実上受け入れ拒否のようなことを言われたと聞き、落胆しました。生徒本人もかなり傷ついてしまい、自分が目指した夢が絶たれてしまったとかなり落ち込んでいました。多くの学校が障害への配慮申請の受け入れを可能としており、この学校もそのように広報していただけに、非常に残念でした。

　身体の特徴で若人の夢が絶たれる、そんなことはあってはならない、障害を持つからといって学ぶ権利すらないのかと法律のほうも調べました。医療関係の知人や行政、さまざまな支援を行っているNPOなどにも相談しました。その際、当校の就職支援員の方から障害を持っていながら医療に従事している方の意見がウェブ上にあるとうかがいました。私は聴覚障害を持つ医療従事者の会の方に連絡を取り、話を聞くことができました。代表の方は医師をされているとのことでしたので、チーム医療と患者さんとのやりとりについてお話をうかがうことができました。MRI検査室での装着は難しくても、チームの役割分担と工夫で乗り越えられることや、患者さんとの意思疎通、ご理解をいただくことで医療に携わる可能性があることがわかりました。

　そのことを生徒に伝え、生徒も後日、直接話をうかがい気持ちが前向きになりました。その生徒の人生観も変わり、今は人のためになりたいと夢を追いかけています。

あらためて感じる欠格条項の不条理

李 幸宏

　私はメールの相談対応をしました。それぞれのメールに対して1週間をめどに、相談員チームで検討しながらやりとりをしていきました。

　司法書士、行政書士、警備員といった具体的な資格の欠格条項や解釈についての質問、意見、関連として視覚障害者マッサージ師の診療報酬についての意見、保育士資格の欠格条項と実習についての事例と質問、建築士試験の合理的配慮についての実情報告と質問といったメールを受けました。

　保育士資格の欠格条項と実習についての事例では、発達障害のある保育短大に通う学生さんが、学科では問題なく進められているのに、実習先を見つけるための学校からの支援がなかったため実習を受けられず、保育士資格が取れないまま卒業した事例を聞きました。ご本人はどんなに悔しかったかと想像してしまいます。後日、この相談とは別に発達障害のある学生に対して保育での実習支援のある学校の事例を知ることができました。学校の支援の有無が将来を変えてしまいます。そして、保育士資格に関する相対的な欠格条項が学校や実習先の消極的な態度を助長しているのではと思います。

　また、建築士試験の手書きの課題をパソコンでという合理的配慮のお話もありました。大学の建築科で書字が難しくパソコンを使って設計している学生さんが現にいます。これからの課題と思っています。

「門前払い」をなくすために

採澤友香

　とある鉄道会社が鉄道施設の見学イベントを開催しました。そのチラシに、線路などの特殊な場所を通ることから、安全確保のため、車いすなどの歩行補助具の使用はできないと書かれていました。

　私はその当時、弁護士として歩行障害のあるお子さんをサポートする案件に取り組んでいました。そのお子さんは電車が大好きで、毎週末電車で遠出することを楽しみにしていました。私は、そのお子さんなら、きっとこのイベントに参加したいだろうな、でも杖がないと歩けないから参加できないなと、チラシを見て思いました。と同時に、強い疑問を抱きました。

　そんな「門前払い」がまかり通ってよいのか。電車の事故により避難のため線路上を歩くこともあるが、そのとき、歩行補助具ユーザーは線路を歩けないという理由で避難できなくなってしまうのか。鉄道会社スタッフなどの手を借りて線路などを通るのではないか。同じように、歩行補助具ユーザーを一律に「門前払い」するのではなく、個別に相談して参加できる方法を考えればよいのではないか。

　2016年4月に障害者差別解消法が施行されたにもかかわらず、いまだに、（しかも交通インフラを提供する鉄道会社で）このような「門前払い」が行われている状況を、非常に残念に思いました。

　相対的欠格条項も、これと同じような「門前払い」の危険を秘めています。私は相談員を経験し、このことを強く実感しました。

　2019年9月、多くの法律から、成年被後見人や被保佐人を一律に排除する規定（絶対的欠格条項）はなくなり、「心身の故障により業務を適正に行うことができない」などの相対的欠格条項が置かれることになりました。今後は、相対的欠格条項があるかどうか、それぞれの人ごとに、

個別に検討、判断がされることになります。

　とはいうものの、このような相対的欠格条項の存在により、資格試験や就職試験を受ける前の段階から、「私には障害があるから落とされてしまうのではないか」とおそれ、結局、受験することすらあきらめてしまう人が多いことが、相談によってよくわかりました。

　冒頭の鉄道会社のイベントも欠格条項も、「門前払い」現象が起こるのは、「障害がある＝できない」という考え方がスタート地点にあるためだと思います。

　本来、障害の有無と「業務を適正に」行えるか否かとは、関係がありません。障害がなくても業務を適正にできない人はいますし、障害があってもしっかり業務をこなせる人はいます。

　それにもかかわらず、今の日本では、障害があるという一点だけで業務を行うことはできないと安直に判断されがちだと思います。

　「できない」ことの判断は、慎重にされなければなりません。たとえば、労働法の分野で、能力不足を理由とする解雇は簡単には認められません。使用者が指導を繰り返すなどやるべきことをしつくしたけれども労働者の能力がとても低いために業務に支障が生じるというような場合でなければ解雇は認められないと考えられています。

　相対的欠格条項も、これと同じくらい厳しい基準によって判断されるべきです。そして、相対的欠格条項の適用はそう簡単には認められないという事例が積み重なって初めて、「門前払い」はなくなり、誰もが同じ土俵に立って資格や職業に挑戦する機会が与えられるはずです。弁護士として、そのような事例の積み重ねをサポートしていきたいと思っています。

欠格条項で失職した警備員の裁判に取り組んで

篠田達也

　私は、警備員の欠格条項の憲法違反を問題とする訴訟に弁護団の一人として関わっています。

　知的障害のある30代のAさんは、人や車を誘導する警備員の仕事にやりがいをもって働いてきました。会社もAさんが真面目に働いていると評価していました。

　Aさんは、親族から経済的虐待を受けたため、2017年2月に、保護のために家庭裁判所に成年後見制度の一つである保佐人を選任してもらいました。

　ところが、当時の警備業法が保佐人が選任されたことを警備員の欠格事由としていたために、Aさんは警備員の仕事を辞めなければならなくなってしまいました。

　Aさんの勤務態度や仕事ぶりが悪かったわけではありません。

　Aさんは、Aさんを保護して支援するための制度を利用することによって、警備員の仕事を失うことになってしまったのです。

　Aさんはどうすればよかったのでしょうか。警備員の仕事を続けるために保佐人の選任をあきらめるべきだったのでしょうか。それとも保佐人を選任してもらうために警備員の仕事をあきらめるべきだったのでしょうか。

　しかし、警備員の仕事と保佐人による権利擁護のうちどちらか一つしか選べないのは、そもそも警備業法の欠格条項が間違っているからではないでしょうか。

　このような思いから、Aさんは岐阜地方裁判所に訴訟を提起しました。

　裁判所は、Aさんの主張を認めて、2021年10月1日に、保佐人が

選任されたことを警備員の欠格事由とする警備業法の欠格条項は憲法22条1項（職業選択の自由）と憲法14条1項（法の下の平等）に反しており無効である、憲法に反する欠格条項を改めることなく放置した国会にも責任があるとしてＡさんに対する国の損害賠償責任を認めるという画期的な判決を下しました。

　この判決に対して国が控訴しましたが、名古屋高等裁判所は2022年11月15日に、岐阜地方裁判所の判決と同様に欠格条項が憲法に反して無効である、国の損害賠償金額は岐阜地方裁判所の判決よりも増額するという判決を下しました。

　Ａさんは名古屋高等裁判所の判決を受けて、「この法律がなければ警備員として働くことができたのにという思いは残るが、裁判所が気持ちをわかってくれて本当にうれしい」と述べています。

　名古屋高等裁判所の判決に対して国が上告したために、本稿執筆時点ではＡさんの裁判は続いています。

　障害を持つ方々の自立や自己実現の機会が不当に奪われることのないよう、欠格条項の問題に関心を持っていただければと思います。

欠格条項ゆえの公務失職をめぐる裁判から

東 奈央

　弁護団事務局長として、吹田市公務員欠格条項違憲訴訟に携わりました。原告の塩田和人さんが成年後見制度を利用したのは、唯一の家族である父に末期のガンが見つかったことによります。当時、塩田さんは大阪府吹田市の公務員として働いていました。吹田市のケースワーカーが、塩田さんの「親なき後」を考えて、成年後見制度利用を助言したのでした。

　塩田さんは、2011年、保佐開始審判を受けた後間もなく、吹田市から「以後公務員採用を更新しない」と通告を受けました。

　2014年末、私は、障害者福祉に従事している知人から、「塩田さんの事例について一度相談にのってあげてほしい」と連絡を受けました。「それはひどい！」と、私から塩田さんに連絡をとりました。

　初めてお会いした日、塩田さんはとても緊張しているようでした。自閉症のため言語的な難しさもあります。お話ししていると、「吹田市の公務員に戻りたい」との熱い思いがあることがわかりました。公務員法の欠格条項をなくすというよりも、塩田さんを復職させてあげたい、そのことが、私の一番の目的となりました。残念ながら、いまだに達成できていません。

　その後、すぐに吹田市との交渉を開始しましたが、吹田市の対応は「非正規の臨時職員で地位は保障されない。法律通り」と一貫しており、裁判で争うしか方策はありませんでした。

　障害のある人に関する理不尽な制度を争う訴訟の多くは、国相手の行政訴訟です。ところが塩田さんの場合は、働く公務員の地位を守るという労働訴訟で、塩田さんの障害特性や障害者雇用の実情に理解があるとは言えない裁判所労働部の対応にも苦労しました。

　提訴に向けて、過去の情報収集、弁護団結成、応援する会の結成、シンポジウム開催など、いろいろな動きがありました。塩田さんのもとにたくさんの応援団が集まり、2015年7月24日、いよいよ大阪地方裁判所へ提訴しました。その後は長い年月をかけて訴訟を戦い、並行して、欠格条項廃止に向けた運動も重ねました。塩田さんも東京の議員会館で声明を発表しました。与野党のたくさんの議員に塩田さんの声を届けられたことは、成年後見制度と連動した欠格条項の廃止（2019年）に向けた大きな一歩になったと思われます。

　裁判は、2018年に大阪地方裁判所で全面敗訴（理由＝臨時職員で地位は保障されない。期間満了によって終了）で、欠格条項の判断にも触れられませんでした。その後大阪高等裁判所で、「（吹田市が）昨今の障害者立法の流れを踏まえ（中略）、障害者の就労支援を含む『障がい者計画』等の実現に向けた努力をする」という内容の和解が成立しました。訴訟展開のハードルを踏まえ、塩田さんのがんばりを吹田市の政策改善の一助にできたことが小さな成果でした。

　最後に、塩田さんからのメッセージです。

　　裁判するのは不安でした。市役所戻れるか。戻れるならがんばりたいと思いました。裁判は大変でした。みんなが応援してくれて、がんばろうという思いがドンドン強くなりました。

　　裁判でいちばんよかったことは、がんばって、応援してくれる人がたくさんいたことです。

　　裁判でつらかったことは、吹田市が、認めないと言ったことです。つらかったです。

　　いろんな活動もして、スピーチしたこと、欠格条項がなくなったことはよかったです。欠格条項は不安だから。「精神の機能の障害」という言葉に不安があります。仕事を失うことはよくありません。

欠格条項のない社会をどう展望しますか？

臼井久実子

　今残されている欠格条項は、相対的欠格条項と呼ばれるものです。審査で相対的欠格条項に該当するとみなした場合に、資格・免許を「与えないことがある」としています。そのなかには、2001年以前は、条文で資格・免許を「与えない」とする絶対的欠格条項だったものも多数あります。本書の各項目で、絶対的欠格条項だった時からの変化について、相対的欠格条項として残され、増加さえしていること、その弊害について、記載しました。

あらためて、欠格条項とは？

　あらためて、欠格条項とは何なのでしょう。

　まるで防壁のように設けられています。何から何を防ぐのでしょうか？

　社会を「あちら側」と「こちら側」に分けて、障害や疾患のある人が社会の「こちら側」にくることを防いでいるように見えます。

　日本では、「障害や疾患がある人はあちら側にいてもらおう」という社会の仕組みが、法制度で強力につくられてきました。「あちら側」におかれているのは、障害や疾患のある人が生まれた家庭内での生活や入所施設、病院、障害や疾患のある人だけを集めた学校や学級、働く場などです。

　欠格条項が当然必要なものとされていた当時、なぜ「必要」と考えるのか、府省庁と話し合う機会をもちました。そのなかでよく言われたのは「障害者にはできない、危ない、ミスをする」というこ

とでした。もしも閉ざしてきた門を開いたら、もしも制限や基準を変えたら、人が押し寄せて防壁が崩れ、混乱と危険をもたらすというイメージが伝わってきました。

それから四半世紀となる今、障害を理由とした欠格条項を全廃し、門を開放している法律もあります。相対的欠格条項を残しつづけて門が半開きのままの法律もあります。どの分野でも実際に障害や疾患のある人が学び働くようになって経験が蓄積されています。たとえば試験における合理的配慮の提供のように、絶対的欠格条項で締め出していた当時は考えもされなかったことが実施されるようになってきています。恐ろしいようなイメージは、実際とは違っていたことが示されています。

イメージはどこから？

なぜこんなイメージが持たれてきたのでしょうか。分け隔ては、障害や疾患をマイナスと扱うことから始まっています。分け隔てによって、互いに知らず何かを一緒にすることもないまま、「できないにちがいない」「危険だろう」というイメージばかりが大きくなったのがこの社会です。肩を並べて勉強することや同僚として働くことは想像もできないほど、分け隔てられてきたと言えます。

欠格条項は、医学モデル（その人の障害や疾患に問題があるという見方）の典型であり、医学モデルは、もし「障害を乗り越え」たり「社会に適応」できないならば排除する扱いをしてきました。障害や疾患のある人に「不良な者」という烙印をおして子孫を残せないようにした優生保護法は、最大の欠格条項とも言えます。

医療の資格・免許にかかわる法律が、絶対的欠格条項を設けてきたこと、今もほとんどが相対的欠格条項を残していることと、医学モデルは、固く結びついています。それだけに、医療の分野に障害のある人が参画することは、とくに大きな意味をもっています。

医療現場で働きながらスポーツ現場にも職域を広げてきた耳が聞こえない薬剤師の早瀬久美さん。学生の時に目の疾患が進行し精神科医として働く場を見いだした福場将太さん。「可能性が0と、0でないことの違いは大きい」と言うギランバレー症候群患者でペインクリニック医師の守田稔さん。「健常者仕様」の医学教育課程をくぐり聴覚障害者流でチーム医療に携わっている関口麻里子さん。「てんかんは友達ですから」と述べる看護師の加納佳代子さん。医師になってから失聴し、勤務する病院に「聴覚障害外来」を開設した藤田保さん。研究開発に携わる診療放射線技師で片耳がほとんど聞こえない宮田充さん。診療放射線技師養成学科を受験したばかりの耳が聞こえにくい紅華さん。本書で、その経験とメッセージを受け取られたことでしょう。

本書のはじめに、医学モデルから社会モデルへの転換が国際的な潮流になっていることを述べました。社会モデルは医療や治療という行為を否定しているものではないことを補足します。社会モデルは、障害や疾患があるままで、分け隔てられることなく、他の者と平等な権利をもち参画できる社会、共に生きていける社会をめざすものです。

障害を理由とする欠格条項をなくしたら？

法律を改正し欠格条項をなくしても、障害者差別は社会のあらゆるところに存在し、差別撤廃には息長い取り組みが必要でしょう。

しかし、法律から欠格条項をなくせば、障害のある人はずっと生きやすくなります。さまざまな分野で活躍する機会が得られるようになり、多様な人が共生する社会になります。たとえば、受験や資格・免許の申請や就職のたびに、欠格条項に該当しないという宣誓や証明を求められるということがなくなります。障害ゆえに資格や免許の申請を認められないのではないかと、通知が届くまで落ち着

かない日を過ごす必要もなくなります。

　学校も、欠格条項ゆえに「学生が卒業し、資格や免許を取得できるかどうか」といった、先々の心配をする必要がありません。事業所なども、「欠格条項があるということは、採用しても業務の遂行ができないかもしれない。面倒なことになるのでは」といった余分な懸念は持たずにすみます。

　実際に、欠格条項を全廃している栄養士や製菓衛生師などの分野は、学生も先生も業界も、少なくともこうしたプレッシャーからは解放されています。その分のびのびと、本来の勉強や教育機関や事業所としての取り組みに力を注ぐことができます。この違いはとても大きいです。

　栄養士や製菓衛生師においてできていることが、他では不可能ということは考えにくいでしょう。かつては、人の命を預かる仕事だということが医師などの免許の欠格条項の理由に挙げられがちでしたが、あらゆる仕事は命や安全にかかわっていると言えます。障害の有無にかかわらず、個々人が特定の業務や行為を適正に行えるかどうかを評価するようにすれば、「障害や疾患があるから無理なのでは」という萎縮やあきらめが子どもから大人まで広がっている状態が変わっていくことでしょう。府省庁や試験実施側も、形式的な欠格条項にかかわる手続きを削減できます。現在府省庁に期待されていることは、同等に受験できるようにすることや、合理的配慮を申請しやすく提供しやすい学校や職場にしていくための相談窓口の役割や経験や情報の共有です。欠格条項をなくすことで、こうしたことに本腰をいれて取り組めます。

　障害者・関係者は団体などの違いをこえて、障害を理由とした欠格条項を改めて見直し法改正にむかうよう、2001年法改正時の附則を実行するよう求めています。

　仮に、業務や行為の具体的内容によっては、一定の基準や制限が

必要なことがあるとしましょう。それは、資格や免許ごとに、障害と関連づけなければならないものでしょうか。細部については、その人が従事する具体的な業務や行為の内容との関係をみて、個別に対話しながら調整して決めることにしたとして、何か問題があるものでしょうか。それぞれの分野で、このような検討に、障害のある人とともに着手されることを望みます。

障害者権利条約と国内の法律を活かして

障害者権利条約を批准する前後から、国内の法律も、分け隔てられることのない共生社会づくりを目標に、差別の禁止、社会的障壁の除去、合理的配慮の提供義務を掲げています。これは、1990年代当時はまだ、遠い夢のようなことでした。

2022年8月に、日本が障害者権利条約を批准してから初めての国連障害者権利委員会による審査が行われ、同年9月に総括所見が出されました。総括所見は、「『心身の障害』を理由とする欠格条項などの差別的な法的制限」への懸念を明記し、「欠格条項などの法的制限を廃止すること」を日本に勧告しました。日本の場合、批准した条約は憲法の次に位置するものとされています。条約を誠実に順守する上で、障害者権利条約によって設置された障害者権利委員会の勧告はおろそかにはできない意味をもっています。

今では、障害者権利条約と国内の法律を活用しながら、個人や事業所、団体も、一つひとつは小さい声でも、声を出し行動を起こしていけます。欠格条項にかかわる経験をした人は、その経験を自分だけのものにせず発信することが、似た経験をしている人たちやあとに続く人たちの力になります。

「あきらめないでいこう」。これが、本書にたずさわった人たちの思いであり、読者にお伝えしたいメッセージです。

ぜひ知っておきたい法律

憲法 1947 年施行	一般の法令よりも上位にある最高法規です。障害者の権利にかかわる裁判も、憲法 11 条（基本的人権）、13 条（個人としての尊重、幸福追求権）、14 条（平等権、差別されない権利）、25 条（生存権）などに照らした司法の判断を問うことが多くあります。
障害者権利条約 2008 年発効。日本は 2014 年に批准	「他の者との平等」を基礎に、障害者を人権の主体として、障害に基づくあらゆる差別を禁止することを柱としています。日本の場合は、条約は憲法の次に位置するものとされています。国内の法律や制度を条約に沿うものにして実態を改善すること、国連の委員会に定期報告を出して審査を受けることが義務づけられています。
障害者基本法 1993 年に心身障害者対策基本法を全面改正して制定	2011 年の改正で、法の目的に「障害の有無にかかわらず、等しく基本的人権を享有するかけがえのない個人として尊重される」「障害の有無によって分け隔てられることなく」「共生する社会を実現するため」「障害者の自立及び社会参加の支援等のための施策を総合的かつ計画的に推進する」ことを初めて掲げました。同時に、差別の禁止、社会的障壁とその除去、合理的配慮について記述しました。
障害者差別解消法 2014 年新設	差別禁止一般についての法律で、2016 年から施行されています。事業者の合理的配慮提供を義務化する法改正が 2021 年に成立し、2024 年 6 月までに施行予定です。差別をなくすために社会的障壁を取り除き、合理的配慮を提供することを、国、地方公共団体、事業者に求めています。雇用分野については、障害者雇用促進法が対応します。
障害者雇用促進法 1960 年制定	障害者を雇用すべき割合を設定して、国・地方公共団体・事業者等に報告を求め、達成度に応じて対処する法律です。雇用分野の差別禁止と合理的配慮の提供義務を追加する法改正が、2013 年に成立、2016 年に施行されました。法律に障害者の働く権利の明記がないことは、制定以来の問題です。
障害者虐待防止法 2011 年制定	障害者本人が就業している職場の使用者や入所している施設などの事業者、親などの養護者は、本人と密接な関わりがあり、力関係は本人の上位にあります。このような上位者による人権侵害を、身体的虐待、性的虐待、心理的虐待、放棄・放任、経済的虐待に分類し、通報義務を課し、対処する法律です。しかし、学校、幼稚園、保育園、医療機関は、法の対象とされていません。
障害者総合支援法 2012 年制定	障害のある人が「基本的人権のある個人としての尊厳にふさわしい日常生活や社会生活を営むことができるように」、必要となる福祉サービスに関わる給付・地域生活支援事業やその他の支援を、総合的におこなうことを定めた法律です。

作成・臼井久実子

参考図書・ウェブサイトなど

●はじめに／欠格条項とは

大熊由紀子『誇り・味方・居場所―私の社会保障論』ライフサポート社 2016
　http://www.yuki-enishi.com/kasumi/kasumi-00.html

臼井久実子・瀬山紀子「増大する『心身の故障』欠格条項――2020年障害者欠
　格条項調査報告」2022 http://www.arsvi.com/2020/20200919uk.htm

DPI日本会議「オンラインミニ講座『障害者の欠格条項』」2020
　https://www.dpi-japan.org/blog/workinggroup/disqualification/
　online_lecture3/

●勉強する・働く　98ページおよびQ15も参照

瀬戸山陽子「障害学生の語り（高等教育機関で学んだ20-40代の女性16名
　男性21名の声）」2021　https://www.dipex-j.org/shougai/

早瀬久美『こころの耳 伝えたい。だからあきらめない。』講談社 2004

福場翔太「視力が失われる中で精神科医になると決断」集中出版 2019
　https://www.medical-confidential.com/2019/10/15/post-9814/

守田稔「欠格条項改正が開いた希望の扉―願いは『全盲でも医師になりたい』
　へ」NEXT VISION 2021　https://nextvision.or.jp/tag/iwa2021/

関口麻理子「聴覚障害をもつ医療従事者の役割と就労支援」『月刊保団連』第
　1361号 2022　https://hodanren.doc-net.or.jp/books/hodanren22/
　gekkan/pdf/02/26-31.pdf

加納佳代子「加納塩梅のテンカン小噺チャンネル」
　https://www.youtube.com/@kanouanbai

聴覚障害をもつ医療従事者の会編『医療現場で働く聞こえない人々―社会参加
　を阻む欠格条項』現代書館 2006

伊藤芳浩『マイノリティ・マーケティング 少数者が社会を変える』筑摩書房
　2023

厚生労働省「公正な採用選考を目指して」2022年版
　https://kouseisaiyou.mhlw.go.jp/basic.html

内閣府　障害者差別解消法　基本方針・対応要領・対応指針・合理的配慮サーチ
　https://www8.cao.go.jp/shougai/suishin/sabekai.html

内閣府　障害者基本法・基本計画
　　https://www8.cao.go.jp/shougai/suishin/wakugumi.html#kihonhou

●**遊ぶ**　43 ページを参照

●**暮らす**　51 ページも参照
DPI 日本会議・大阪精神医療人権センター編『精神障害のある人の権利 Q&A』
　　解放出版社　2021
佐藤彰一「成年被後見人の選挙権はなぜ回復されたのか」Wedge ONLINE
　　2013　https://wedge.ismedia.jp/articles/-/2847

●**世界のこと**
崔栄繁「韓国」長瀬修・川島聡編『障害者権利条約の実施—批准後の日本の課
　　題』信山社 2018
外務省「障害者権利条約 / 第 1 回政府報告に関する障害者権利委員会の総括所
　　見（2022 年）
　　https://www.mofa.go.jp/mofaj/gaiko/jinken/index_shogaisha.html

●**相談したいと思ったら**
藤岡毅『Q&A 障害のある人に役立つ法律知識—よくある相談例と判例から考
　　える』日本法令 2021
青木志帆『相談支援の処「法」箋—福祉と法の連携でひらく 10 のケース』現代
　　書館 2021

●**経験者に聞いてみよう**
東奈央「塩田さんに下された不当判決について」『季刊福祉労働』現代書館
　　2019
「公務員の欠格条項と成年後見制度」障害者欠格条項をなくす会ニュースレター
　　64・66・73 号
　　https://www.dpi-japan.org/friend/restrict/essay/index.html
　　　　　　　　　　　　　　　　（URL はすべて 2023 年 1 月 25 日アクセス）

執筆者一覧（50 音順）

東奈央　あずま なお　弁護士

李幸宏　い ゆきひろ　DPI 障害者差別解消ピアサポート 相談スタッフ／ポリオ

伊藤芳浩　いとう よしひろ　DPI 日本会議特別常任委員、NPO 法人インフォメーションギャップバスター理事長／聴覚障害

大熊由紀子　おおくま ゆきこ　障害者欠格条項をなくす会・共同代表、国際医療福祉大学大学院・医療福祉ジャーナリズム分野教授

大塚勝　おおつか まさる　NPO 法人日本障害者セーリング協会前代表　2022 年逝去

加納佳代子　かのう かよこ　看護師／てんかん・うつ病

熊野杉夫　くまの すぎお　写真家／統合失調感情障害・車いす使用

紅華　くれは　受験生／聴覚障害

K.O.　こらーるたいとうメンバー／統合失調症

崔栄繁　さい たかのり　DPI 日本会議議長補佐

採澤友香　さいざわ ゆか　弁護士

佐藤彰一　さとう しょういち　弁護士、全国権利擁護支援ネットワーク代表

佐藤久夫　さとう ひさお　日本障害者協議会理事・日本社会事業大学名誉教授

篠田達也　しのだ たつや　弁護士

関口麻理子　せきぐち まりこ　医師／聴覚障害

瀬戸山陽子　せとやま ようこ　東京医科大学講師

瀬山紀子　せやま のりこ　障害者欠格条項をなくす会事務局、埼玉大学ダイバーシティ推進センター教員

たにぐちまゆ　大阪精神障害者連絡会事務局長、認定 NPO 法人大阪精神医療人権センター理事、DPI 日本会議常任委員／統合失調症・摂食障害

長岡健太郎　ながおか けんたろう　弁護士

野本千春　のもと ちはる　精神保健福祉士

早瀬久美　はやせ くみ　薬剤師／聴覚障害

福場将太　ふくば しょうた　医師／視覚障害

藤岡毅　ふじおか つよし　弁護士

藤田保　ふじた たもつ　医師／聴覚障害

フラワー　こらーるたいとうメンバー／統合失調症

某県高校進路指導教員

松田峻　まつだ りょう　弁護士／聴覚障害

峯尾聡太　みねお そうた　障害を理由とした欠格条項にかかわる相談キャン
　　ペーン（2021年）相談員／てんかん既往歴

三野進　みの すすむ　精神科医

宮田充　みやた みつる　診療放射線技師／聴覚障害

守田稔　もりた みのる　医師／視覚障害

編著者

臼井久実子（うすい くみこ）

障害者欠格条項をなくす会事務局長。

聴覚障害があり、英語聴き取りテストができないという理由でクラス替えされそうになった学生の時、地域で自立生活する全身性障害のある人たちと出会い、障害者自身による活動に参加。法律が夢を阻まないようにと、障害の違いや障害の有無をこえて障害者欠格条項をなくす会結成を呼びかけ、1999 年の会発足から事務局を務める。

本書は、本作り会議のもと編集を進めた。

本作り会議メンバー

大熊由紀子、瀬戸山陽子、瀬山紀子、たにぐちまゆ、長岡健太郎（以上の方は執筆を兼ねる）、加藤真規子（特定非営利活動法人こらーるたいとう）、浜島恭子（認定NPO 法人 DPI 日本会議）。

協力団体

障害を理由とした欠格条項にかかわる相談キャンペーン実行委員会（2021 年度）

　https://www.dpi-japan.org/friend/restrict/shiryo/soudan/index.html

障害者欠格条項をなくす会

　https://www.dpi-japan.org/friend/restrict/

認定 NPO 法人 DPI（障害者インターナショナル）日本会議

　https://www.dpi-japan.org/

障害のある人の欠格条項ってなんだろう？ Q&A
資格・免許をとって働き、遊ぶには

2023年4月10日　初版第1刷発行

編著者　臼井久実子 ©

発　行　株式会社 解放出版社
　　　　552-0001 大阪市港区波除4-1-37 HRCビル3階
　　　　電話 06-6581-8542　FAX 06-6581-8552
　　　　東京事務所
　　　　113-0033 文京区本郷1-28-36 鳳明ビル102A
　　　　電話 03-5213-4771　FAX 03-5213-4777
　　　　郵便振替 00900-4-75417　HP https://www.kaihou-s.com/

装　丁　森本良成
本文レイアウト　伊原秀夫
印　刷　株式会社太洋社

ISBN978-4-7592-6128-8　NDC360　141P　21cm
定価はカバーに表示しています。落丁・乱丁はお取り換えします。

障害などの理由で印刷媒体による本書のご利用が困難な方へ

　本書の内容を、点訳データ、音読データ、拡大写本データなどに複製することを認めます。ただし、営利を目的とする場合はこのかぎりではありません。

　また、本書をご購入いただいた方のうち、障害などのために本書を読めない方に、テキストデータを提供いたします。

　ご希望の方は、下記のテキストデータ引換券（コピー不可）を同封し、住所、氏名、メールアドレス、電話番号をご記入のうえ、下記までお申し込みください。メールの添付ファイルでテキストデータを送ります。

　なお、データはテキストのみで、写真などは含まれません。

　第三者への貸与、配信、ネット上での公開などは著作権法で禁止されていますのでご留意をお願いいたします。

あて先
〒552-0001 大阪市港区波除4-1-37 HRCビル3F 解放出版社
　　テキストデータ係